巧用辩证法， 静待百花开

QIAOYONG BIANZHENG FA , JINGDAI BAIHUA KAI

王 倩◎著

南开大学出版社　　天津社会科学院出版社

图书在版编目（ＣＩＰ）数据

巧用辩证法，静待百花开 / 王倩著. -- 天津：南
开大学出版社：天津社会科学院出版社，2022.12
ISBN 978-7-310-06379-6

Ⅰ. ①巧… Ⅱ. ①王… Ⅲ. ①高中－教育研究 Ⅳ.
①G632.0

中国版本图书馆CIP数据核字(2022)第256694号

巧用辩证法，静待百花开

QIAOYONG BIANZHENG FA,JINGDAI BAIHUA KAI

南開大學出版社 出版发行
天津社会科学院出版社

出版人：陈　敬

地址：天津市南开区卫津路94号　邮政编码：300071
营销部电话：(022)23508339　营销部传真：(022)23508542
https://nkup.nankai.edu.cn

北京建宏印刷有限公司印刷　全国各地新华书店经销
2022年12月第1版　2022年12月第1次印刷
880毫米×1230毫米　32开本　5.75印张　120千字
定价：78.00元

如遇图书印装质量问题，请与本社营销部联系调换，电话（022）23508339

序

　　2007 年,25 岁的我开始了自己的执教生涯。初当班主任,我每天都有无尽的能量,总是想把自己的学习经验全部传递给学生。起初,学生特别喜欢我,因为我活泼、没有当老师的架子……慢慢地,我发现他们开始"没大没小",课间嬉戏打闹、不尊重任课老师、参加活动没有秩序,我的班居然成了"差班"。我向经验丰富的班主任请教,他们说要和学生拉开距离,对学生要严肃。我带着这些"经验"重新走进班级,学会了"变脸",学会了惩罚,学会了斥责……可是,问题又来了,学生并没有乖乖听话,而是开始反抗、质疑、顶嘴。我觉得自己很委屈,我心里装的都是学生,做的一切都是为了让他们有更好的未来,可他们怎么就体会不到我的良苦用心?我感到绝望,觉得自己不适合当班主任。我开始逃避,以各种理由拒绝当班主任。可真正不做班主任了,我却更加低落。我发现,其实自己是很期待和学生近距离接触的,这坚定了我要继续当班主任的决心,也许我就是为班主任事业而生的。不过,我需要思考师生之间的相处之道。班主任对学生应该有热情和爱心,但仅有这些还远远不够。一次偶然的机会,我看到一位语文学科的班主任被学生"前呼后拥"着走进办公室,她和蔼可亲,学生敬她爱她。我问她:"您这么温柔,学生也不怕你,能不能教教我您是怎么管住他们的?"她笑着说:"为什么要管?要用魅力征服他们。我经常和学生分享我读过的小说、励志故事,亲其师才能信其道。从你擅长的领域寻找与学生的相处之道,你才能得心应手、运用自如……"

至今我都记得她给我带来的影响。后来,我鼓起勇气又开始做班主任,将自己的专业融入班级管理和对学生的培养当中,正如本书的题目所言,"巧用辩证法,静待百花开"。我经常将我的班级比作一个大花房,把学生比作盆栽。每盆盆栽都有自己的花期,我要做的就是巧妙运用唯物辩证法,用联系、发展、矛盾、创新的眼光研究盆栽的生长习性,破解繁花盛开的密码。

2022 年 10 月

前　言

　　教育是国之大计、党之大计。培养什么人、怎样培养人、为谁培养人是教育的根本问题。作为教育工作者，我们要全面贯彻党的教育方针，落实立德树人根本任务，培养德智体美劳全面发展的社会主义建设者和接班人。本书拟对标《中国学生发展核心素养》，运用唯物辩证法的哲学观点，用联系、发展、矛盾、创新的观点分析、解决班级管理的诸多问题，阶段性培养学生的核心素养，以促进学生的终身发展，落实立德树人的根本任务。

　　用联系的观点看问题。新学期开始，我主张正确处理当前和长远之间的联系，对标中学生发展核心素养，为每个学生建立核心素养养成档案，期待通过三年的努力，助力学生六大核心素养的提升。同时，我还主张正确处理整体和部分之间的联系。既要树立班级整体目标意识，又要建立学生自我管理意识，培养学生的责任担当和实践创新，从而实现整体大于部分功能之和，也就是"1＋1＞2"的效果。除此之外，我主张处理好内部与外部之间的联系，一方面帮助学生实现自主发展；另一方面与任课老师、家长、社会建立统一战线，为共同促进学生全方面发展打下坚实基础。

用发展的观点看问题。有了良好的开端,过程也很重要。引导学生提升人文底蕴、科学精神等,需要日积月累,需要班主任和学生一起制订量化指标、定期开展活动,这更有利于助力学生坚定前行。当然,从概率的角度讲,一定会有学生掉队,原因比较复杂,如心理疾病、早恋、亲子矛盾激化等,所以还应开展生命教育、亲子矛盾疏导、心理疏导,帮助学生学会健康生活、学会学习,激励学生前途是光明的、道路是曲折的,放眼整个人生,而非局限于高考,我们应客观看待每次考试。

用矛盾的观点看问题。高中阶段正是世界观、人生观、价值观形成的关键时期,对高中生核心素养的培养方面存在着共性的问题,如价值观缺失。因此,我以"系列化班会"为依托,着力解决这些共性问题,提升高中生的责任担当意识。当然,花有花期,成长各有密码,解决个性问题还需要精准施教。我以"周记漂流瓶"为依托,着力解决个性问题,从微观层面提升学生的核心素养。同时,班级里还有很多共性与个性相互交织的问题,我们以"学科活动"为依托,对其进行一一破解。

用创新的观点看问题。很多班主任都热衷于研究"问题生"的转化,我在此基础上树立创新意识,着重研究对"特质生"的精准施教。特质生既可能是具有优秀学习品质但存在素养缺失问题的学生,也可能是成绩平平但在艺术、体育、科技等方面表现突出的学生。特质生不完全等同于问题学生,他们拥有某些独特的性质或品质,稍加利用或调整、因势利导,他们极有可能成为一个优秀的、全方面发展的人才。但如果特质生得不到科学的引导和培养,其潜在的问题将会放大成显性问题,他们会成为真正的"问题生",这可能会导致其家庭内部矛盾激化、社会责任感缺失、甚至出现违法犯罪行为等诸多问题。我主张对特质生进行精准施教,对成绩优异的特质生主要进行责任担当意识的培养、对成绩中等的特质生多加关心关爱,提升特质生的志气、生气和勇气,注重对他们学会学习、学会生活等方面核心素养的培养……

　　高中生时而幼稚、时而成熟,时而懵懂、时而理智,对高中生的教育具有独特的价值。对高中生的教育不能急躁,要有方法。当然,班级管理道阻且长,只有不断总结经验、吸取教训,才能越来越游刃有余。

目　录

第一章　用联系的观点看问题

　　唯物辩证法认为,事物之间以及事物内部各要素之间是相互联系的。班级管理看似简单,实则是一个很大的系统工程,我们需要考虑很多种联系,学生之间、师生之间、教师与教师之间、亲子之间、家校之间、班级与班级之间、学校与学校之间、还有每个学生内部与外部等各个要素之间都是相互影响、相互制约、相互作用的。要想管理好一个班集体、营造和谐、友爱、积极进取的班级氛围、精心培育好每一位学生,就必须充分考虑多种联系,这也是我们破解学生成长密码的第一关。

　　但是在实际的班级管理中,我们容易看到的是那些直接的、表面的、眼前的联系,往往会忽视那些间接的、本质的、长远的联系,忽视事物之间相互联系的中间环节。所以,班主任在班级管理的过程中,要学会用联系的观点看问题,善于分析和把握促进班级管理和谐、学生终身发展的各种条件。班主任既要注重客观条件,又要恰当运用主观条件;既要把握事物的内部条件,又要关注事物的外部条件;既要认识事物的有利条件,又要重视事物的不利条件。总之,一切以时间、地点和条件为转移。

第一节　处理好当前和长远的联系

一、理论依据

习近平同志早在2004年《浙江日报》"之江新语"专栏中发表文章时,就提到我们做一切工作,都必须统筹兼顾,处理好当前与长远的联系。我们强调求实效、谋长远,求的不仅是一时之效,更有意义的是求得长远之效。当前有成效、长远可持续的事要放胆去做,当前不见效、长远打基础的事也要努力去做。这一论述丰富了马克思主义理论,深刻揭示并凝聚了统筹兼顾的辩证法,是指导各项事业发展的指南。2013年9月5日,习近平同志在二十国集团领导人峰会第一阶段会议上发言时又强调:"任何一项事业,都需要远近兼顾、深谋远虑,杀鸡取卵、竭泽而渔式的发展是不会长久的。"2020年2月14日,习近平同志在周密部署战"疫"时,提出既要立足当前,科学精准打赢疫情防控阻击战,更要放眼长远,完善重大疫情防控体制机制,健全国家公共卫生应急管理体系。

在教育方面,习近平同志在党的二十大大报告中指出:"全面贯彻党的教育方针,落实立德树人根本任务,培养德智体美劳全面发展的社会主义建设者和接班人。"这是习近平总书记就"培养什么人"问题作出的理论概括和行动部署。而培养能够担当民族复兴大任的时代新人,既要放眼长远,拓展这一代人终身发展的空间,培养他们良好的情感认同和行为习惯,培养他们能够适应终身发展和社会发展而需要的必备品格和关键能力;又要立足当前,着眼于现实需要寻找这一代人发展的突破口和切入点,为其终身发展提供有效滋养,让他们的成长从纵向和横向两个维度由化于心、外化于行,发生转变,做到既能仰望星空、又能脚踏实地。

其实,教育就是将人类的过去、当前和未来联系起来。"教"字的左上角,实际上是一个"爻"字,既是占卜的工具,又代表了算筹(一种古代的运算工具),它是人类已经拥有的知识与技能的象征。"教"字的左下角则是象征着种族延续的"孩子"的"子"字,右边则是一只高擎教鞭的手,象征的是教师的教导与传授。而"育"的意义,实际上就是孩子的诞生与成长。可以说,教,是传递人类过去的经验与智慧;育,是对于人类未来的期许与呵护。所以,教育的本意就是"联结":将人类的过去、当前与人类的未来联系起来。[①]上海市建平中学副校长郑朝晖老师认为,我们的教育就应该承担起彰显民族特征的责任。无论学生在高中阶段学习了哪些知识,在他交完高考考卷、走出高考考场的那一刻,就会被慢慢忘记,可当他身处困境时,一些中国式的思考方式和解决问题的方式将成为他最大的优势,这就是教育立足当前、放眼长远的效果。高中阶段的学习和生活不仅仅是记忆背诵,还要让学生拥有本民族的思维方式和生活态度,当然,这也仅仅只是完成了教育的初级功能。我们的教育更要让学生学会适应未来的发展,要让学生知道自己的未来是什么模样,本民族的未来是什么模样,整个人类的未来又是什么模样。所以,教育应该是一种联结,既要思考现在,更要思考我们究竟需要怎样的未来。

---

① 郑朝晖:《教育,就是联结我们的过去与未来》,《上海教育》2018 年 3 月 B 刊,第 65 页。

作为高中阶段的班主任,我们在拿到学生档案的那一刻起,就肩负起一种使命,即帮助学生处理好过去、当前和长远之间的联系。我们要培养的是能够担当民族复兴大任的时代新人,这样宏观的目标需要有个适切的抓手,这个抓手就是中国学生发展核心素养。早在 2014 年,《教育部关于全面深化课程改革落实立德树人根本任务的意见》中提出,"教育部将组织研究提出各学段学生发展核心素养体系,明确学生应具备的适应终身发展和社会发展需要的必备品格和关键能力"。2016 年 9 月 13 日上午,中国学生发展核心素养研究成果发布会在北京师范大学举行。中国学生发展核心素养以培养"全面发展的人"为核心,分为文化基础、自主发展、社会参与三个方面,综合表现为人文底蕴、科学精神、学会学习、健康生活、责任担当、实践创新六大素养,具体细化为国家认同等十八个基本要点。各素养之间相互联系、互相补充、相互促进,在不同情境中整体发挥作用。根据这一总体框架,我们可针对学生年龄特点进一步提出各学段学生的具体表现要求。我们的长远目标是培养学生六大素养,那么当前就要为学生制定好阶段性目标,正确处理好当前与长远之间的联系。

二、高中学生发展核心素养阶段性目标的确立

核心素养是每一位同学在未来发展的道路上不可或缺的素养,其发展并非一蹴而就,而是一个持续的终身发展的过程。核心素养并非先天就有的,而是靠后天培养、可教可学。学生在家庭和学校中习得核心素养,在未来的工作和生活中不断发展和完善。但是,各学段的一线班主任都有着共同的困惑:我们清楚核心素养

很重要,但是没有抓手;我们知道该培养学生的核心素养,但是不知道每个学段要达到什么样的标准。我们都期待有一个具体的、可操作的指标,可以作为我们德育的标尺。

黄光雄、蔡清田两位教授在《核心素养:课程发展与设计新论》一书中介绍了各教育阶段的国民核心素养。比如,社会参与的核心素养中,涉及人际关系与团队合作,总体要求是具备友善的人际情怀、与他人建立良好的互动关系,并发展与人沟通协调、包容异己、社会参与及服务等团队合作的素养。具体到小学阶段,则是具备理解他人感受、乐于与人互动,并与团队成员合作的素养;初中教育阶段,要培养学生利他与合群的知能与态度,并培育相互合作及与人和谐互动的素养;高中阶段,需要培养学生发展适切的人际互动关系,并展现包容异己、沟通协调及团队合作的精神与行动。①梳理关键词,我们发现小学阶段强调理解、互动、合作;初中阶段强调利他、合群、合作、和谐;高中阶段强调人际关系、包容异己、合作精神与行动。这就是一线班主任期待的"抓手"。揣摩过后能够发现,高中阶段的班主任要在培养学生团队合作的意识过程中帮助学生提升与此相关的行动能力,如当团队合作过程中产生分歧,学生应该学会包容他人、求同存异、学会与人相处,将合作的效果实现"1+1>2"的效果。这样在高中三年的培养过程中,我们可以通过建立各种活动、比赛、班会等德育阵地,帮助学生有效提升核心素养,让核心素养成为学生未来人生发展的垫脚石。

具体到高中阶段,一线班主任还期待核心素养目标的达成能

---

① 黄光雄、蔡清田:《核心素养:课程发展与设计新论》,华东师范大学出版社,2017,第7页。

细化到当前的每个学期。

处理好当前的核心素养阶段性目标更有利于为学生发展长远的核心素养目标构建阶梯。笔者根据对学生思维、行为发展规律以及对中国学生发展核心素养十八个基本要点的揣摩，尝试制订高中阶段三个年级的阶段性目标(见表1-1)。

表1-1 高中阶段核心素养培养的阶段性目标

一个核心	三个方面	六大素养	十八个基本要点	高中阶段核心素养培养的阶段性目标		
				高一	高二	高三
培养「全面发展的人」	文化基础	人文底蕴	人文积淀	熟悉高一阶段文史学科应知应会知识，尝试运用知识提升与人相处的能力；开展班级文化建设	熟悉高一、高二阶段文史学科应知应会知识，能够运用知识提升个人魅力；开展家庭文化建设、校园文化建设	熟悉高中阶段文史学科应知应会知识，能够运用知识进行自我提升；完善校园文化建设；主动参与政治生活，为本区域发展献计献策
			人文情怀	学会尊重亲人、同窗、师长，尊重陌生人，学会寻找他人优点	尝试撰写调查报告，关注弱势群体，主动给予弱者帮助	尝试通过自己并借助他人的帮助，提升弱势群体幸福指数
			审美情趣	寻找一种艺术手段陶冶情操(弹奏乐器、画画、插花、艺术欣赏等)，培养生活环境中的美感体验	学会欣赏各种艺术的风格和价值，了解美的特质、认知与表现方式，尝试对作品进行点评，大胆说出自己的看法	体会艺术创作与社会、历史、文化之间的互动关系，透过生活美学的涵养，对美、善的人和事物进行赏析、建构与分享
		科学精神	理性思维	熟悉高一阶段所学的科学原理和方法，学会用事实为依据论证观点	熟悉高二阶段所学的科学原理和方法，用"实践是检验真理的唯一标准"指导实际行动、解决问题	熟悉高中阶段所学的科学原理和方法，学会用事实为依据论证观点，能运用科学的思维方式认识事物、解决问题、指导行为等

6

续表

一个核心	三个方面	六大素养	十八个基本要点	高中阶段核心素养培养的阶段性目标		
				高一	高二	高三
培养「全面发展的人」	文化基础	科学精神	批判质疑	举行辩论会,学会从正反两方面撰写辩词	尝试学习撰写评论员文章,用辩证思维分析问题,学会从多角度思考、解决问题	关注时事民生,提高辩证思维能力,培养批判精神和问题意识
			勇于探究	发挥创新精神和探索精神,大胆尝试、处理日常生活和学习情境	制定学习和生活计划,主动学习、创新求变、有效执行计划	具备规划、实践与检讨反省的素养,并以创新的态度与作为,应对新的情境或问题
培养「全面发展的人」	自主发展	学会学习	乐学善学	能正确认识和理解学习的价值,具有积极的学习态度和浓厚的学习兴趣	能养成良好的学习习惯,掌握适合自己的学习方法,并能将其提炼出来,与人分享	能自主学习,具有终身学习的意识和能力
			勤于反思	对自己的学习状态和学习效果能够经常进行审视和反思	能够根据实际变化及时调整学习策略和方法	能够根据实际变化及时调整自己的情绪、处事方法、说话方式,能经常对自己的言行举止等进行反思和正己修身
			信息意识	学会收集课堂教学所用资料,能自觉、有效获取、评估、鉴别和使用网络信息	提升数字化生存能力,主动适应「互联网＋」等社会信息化发展趋势,进一步掌握精准筛选有效信息的技巧	具有网络伦理道德与信息安全意识,在捕捉有效信息的同时能学会甄别虚假、负效信息
		健康生活	珍爱生命	有良好的生活习惯,具有安全意识与自我保护能力,掌握适合自身的运动方法和技能	探索人性、自我价值与生命的意义,养成健康文明的行为习惯和生活方式	提升各项身心健康发展素质,有效制定职业生涯和人生规划,能够透过自我精进与自我超越去追求幸福人生,实现社会价值

一个核心	三个方面	六大素养	十八个基本要点	高中阶段核心素养培养的阶段性目标		
				高一	高二	高三
培养「全面发展的人」	自主发展	健康生活	健全人格	具有积极的心理品质，自信自爱，开朗大方；具有情绪的自我调解能力	具有独立人格，有一定的安全感，学会接纳自己、包容自己	有几种生活技能，有一定的人生追求目标，对自己的价值感有明确的认识，有自信和勇气追求目标、为社会做贡献
			自我管理	能正确认识与评估自我、管理自己、约束自己的言行	依据自身个性和潜质选择适合自己的发展方向，并经常主动调整自己的状态以应对挫折	合理分配和使用时间与精力；具有达成目标的持续行动力
培养「全面发展的人」	社会参与	责任担当	社会责任	自尊自律，文明礼貌，诚信友善，宽和待人；孝亲敬长，有感恩之心	热心公益和志愿服务，敬业奉献，具有团队意识和互助精神	能主动作为，履职尽责，对自我和他人负责、有极强的社会责任感和复兴强国志向
			国家认同	学会一项或几项"非遗"技艺，提升文化自信，尊重中华民族的优秀文明成果	提升国家意识，熟知国情历史，认同国民身份；熟知中国共产党的历史和光荣传统，具有热爱党、拥护党的意识和行动	能传播弘扬中华优秀传统文化和社会主义先进文化，能自觉捍卫国家主权、安全和利益
			国际理解	具有全球意识和开放的心态，了解人类文明进程和世界发展动态	能尊重世界多元文化的多样性，学会尊重差异、理解个性，积极参与跨文化交流	关心本土与国际事务，关注人类面临的全球性挑战，理解人类命运共同体的内涵与价值
		实践创新	劳动意识	具有动手操作能力，掌握一定的劳动技能；在主动参加的家务劳动、生产劳动、公益活动和社会实践中，具有改进和创新劳动方式、提高劳动效率的意识	尊重劳动，具有积极的劳动态度和良好的劳动习惯；挖掘身边的劳动模范，寻找自身差距	具有通过诚实合法劳动创造幸福生活的意识和行动

续表

一个核心	三个方面	六大素养	十八个基本要点	高中阶段核心素养培养的阶段性目标		
				高一	高二	高三
培养「全面发展的人」	社会参与	实践创新	问题解决	善于发现和提出问题,有解决问题的兴趣和热情	能依据特定情境和具体条件,选择制订合理的解决方案	具有在复杂环境中解决问题并采取行动的能力
			技术运用	具备科技与信息应用的基本素养,具有学习掌握技术的兴趣和意愿	善于运用信息技术增进学习力、生活力,能将创意和方案进行有形转化甚至优化	学会反思、辩证批判技术运用能力提升等议题

三、高中学生发展核心素养"阶梯式养成档案"的建立

班主任仅仅明确高中三个阶段对学生发展核心素养的培养目标还远远不够,我们还需要将培养目标转化成"阶梯式养成档案",使之成为学生手中具体可操作的行动指南。正如我们的教学目标设定之后,还要根据学情和课程特点设计有情境、有梯度的任务清单和问题清单,学生在完成任务清单和问题清单的过程中逐渐学习了知识、拓展了能力、提升了素养。高中学生发展核心素养的阶段性目标确立以后,我们要根据每个学生的具体情况建立"阶梯式养成档案"。

"阶梯式养成档案"的建立并不是班主任一个人决定的,而应该是班级所有学生一人一案、师生共建。建立"阶梯式养成档案"可以分成三个步骤:

(一)对标基本素养,分析个性差距

每个学生的个性特质不同,已有知识储备不同,兴趣爱好不同,家庭环境不同,人生经历不同,对未来的人生规划不同,这就决

定了其核心素养养成档案的千差万别。不过,万变不离其宗,班主任在和学生共同建立"阶梯式养成档案"的建立之前,一定要对标基本素养,分析每个学生的不同起点和不同人生目标。然而,高一新生刚刚入学,班主任如何快速了解学生并做到因材施教呢?我们尝试着做了一套调查问卷。

附:

高一新生核心素养目标差距调查表

所谓"学生发展核心素养",主要是指学生应具备的,能够适应终身发展和满足社会发展需要的必备品格和关键能力。核心素养是关于学生知识、技能、情感、态度、价值观等多方面的综合表现;是每一名学生获得成功生活、适应个人终生发展和社会发展都需要的、不可或缺的素养。高中阶段是学生核心素养养成的关键阶段,现需要借助此表帮助学生进行自我分析,寻找自己与核心素养目标之间的差距,再针对每一位同学的特点建立核心素养的"阶梯式养成档案",希望同学们真实、有效地填写此表。

姓名:_____ 年龄:_____ 学号:_____

1. 你在与人聊天的时候会引经据典、出口成章吗?

    A. 经常会　　　　　B. 偶尔会　　　　　C. 基本不会

2. 你在初中阶段有没有为班级开展文化建设献计献策?

    A. 经常会　　　　　B. 偶尔会　　　　　C. 基本不会

3. 当与师长、亲友意见不一致时,你会采取什么方式解决?

    A. 沟通交流　　　　B. 冷处理　　　　　C. 争吵不休

4. 你会经常从别人身上发现优点并进行赞美吗?

    A. 经常会   B. 偶尔会   C. 基本不会

5. 你经常用来陶冶情操或打发时间的方式是什么(如弹奏乐
   器、画画、插花、艺术欣赏等)?

6. 当你想表达观点的时候,你是否习惯于用事实或实验数据
   作为论证的依据?

    A. 经常会   B. 偶尔会   C. 基本不会

7. 在分析、评价一个观点时,你是否会从正反两个方面思考
   问题?

    A. 经常会   B. 偶尔会   C. 基本不会

8. 你喜欢创新改变你的生活和学习方式吗?

    A. 经常会   B. 偶尔会   C. 基本不会

9. 你学习的时候如果把手机放在一旁,每当它响一下你就会
   去看一眼吗?

    A. 经常会   B. 偶尔会   C. 基本不会

10. 你认为学习是一件很重要的事情吗?

    A. 是的   B. 不是   C. 有时是

11. 你认为学习是一件很有趣的事情吗?

    A. 是的   B. 不是   C. 有时是

12. 你会对自己的学习状态和效果进行反思吗?

    A. 经常会   B. 偶尔会   C. 基本不会

13. 当老师布置收集网络信息、整理数据资料的任务时,你会
    自告奋勇吗?

A. 经常会　　　　　B. 偶尔会　　　　　C. 基本不会

14. 你有早睡早起、坚持运动、拒绝垃圾食品等良好的生活习惯吗？

A. 经常会　　　　　B. 偶尔会　　　　　C. 基本不会

15. 当遇到陌生人向你询问或求助，你会直接给予帮助还是先做好自我保护再给予帮助？

A. 直接给予帮助　B. 做好自我保护　C. 视情况而定

16. 遇到伤心难过的事情时，你可以通过自我开导调节自己的情绪吗？

A. 经常会　　　　　B. 偶尔会　　　　　C. 基本不会

17. 小学和初中阶段，你的同学生病时，你会真心问候并替他担心吗？

A. 经常会　　　　　B. 偶尔会　　　　　C. 基本不会

18. 你会约束自己的言行，遵守社会秩序、学校规章、班级条例吗？

A. 经常会　　　　　B. 偶尔会　　　　　C. 基本不会

19. 新冠肺炎疫情期间，你是否自愿报名参加了志愿者活动？

A. 是的　　　　　　B. 没有　　　　　　C. 报名了但没参加

20. 你对捏泥人、剪纸等非物质文化遗产是否感兴趣？

A. 感兴趣　　　　　B. 不感兴趣　　　　C. 一点点

21. 你喜欢听国际新闻吗？

A. 经常听　　　　　B. 偶尔听　　　　　C. 基本不听

22. 你经常做的一件家务劳动是什么？

23. 课堂上,当老师或同学提出一个观点,你会针对观点提出问题吗?

　　A. 经常会　　　　B. 偶尔会　　　　C. 基本不会

24. 你喜欢用电脑软件解决学习和生活中遇到的问题吗?

　　A. 经常会　　　　B. 偶尔会　　　　C. 基本不会

(二)搭建对话平台,完成私人订制

　　通过对每一位同学的问卷调查表进行分析,班主任能够对学生与本学年度要达成的核心素养目标之间的差距有了一定的了解,但这并不是学生的全貌,班主任还需要搭建一个师生对话交流的平台,通过沟通交流,进一步明确对学生提供帮助的重点和难点,再和学生共同商量,建立一个该生专属的"阶梯式养成档案"。

　　班主任搭建的交流平台不是要简单地找学生谈心,而是调动学生的主动性和积极性,让学生自愿、主动、有期待地寻求老师的帮助。笔者在班里开展了"师生交流瓶"活动,学生可以将心里的小秘密、难过的事、开心的事写下来放到瓶子里,笔者能够从瓶子里的一封封信件中感受到学生内心的孤独和脆弱……当然,还可以开展其他形式丰富新颖的活动,如"你说我听聊天室",等等。在此,笔者选取两个案例来分享私人订制的"阶梯式养成档案"是如何建立起来的。

【案例1】

　　张同学在新学期的第一天就自告奋勇做班里的临时负责人,他把各项工作都做在了前面,是老师的得力助手。但是半个月下来，同学们似乎不太喜欢他，进行民主选举的时候，张同学的票数不足10票，他很沮丧。在高一新生核心素养目标差距调查表中，他对第四题的回答是"偶尔会发现别人的优点并赞美"，对第17题的回答是，"当同学生病了，他偶尔会问候并替同学担心"。对他的性格有了一定的了解后，笔者通过漂流瓶向他发出了聊天邀请，他来到了我的"你说我听聊天室"，一边说一边委屈地流眼泪："我这么辛苦地为班级做事，每天和值日生一起做卫生，帮同学们擦黑板、倒垃圾，为什么大家就是不买账，到底要我怎样才能让同学们喜欢我、让我当班长呢……"

他说了很多，笔者一直静静地听。等他说完了，笔者开始对他进行引导："你认为自己已经做得很棒了，老师很赞同，那你有没有认真想想，自己还有哪些缺点？有哪些同学们不太喜欢的地方？""有人说我虚伪，说我不听别人的意见。""那么，你就仔细想想你到底为什么那么辛苦地为班级做事。是单纯地为了帮助同学，还是为了让同学喜欢你，进而在班干部选举中投你一票？你在班级管理中有没有听取同学们的意见呢？""我为了帮助同学，也为了当班长，听取意见这方面我确实做得不好，因为我觉得我的决定比他们提的意见都要好，如果他们的意见比我的高明，我自然就听了。"通过交流，笔者明显感到张同学距离"人文情怀、健全人格"的培养目标差距很大。调查表显示，他在其他方面的表现还是表现很不错的。比如，他很喜欢听新闻，也愿意分析阐述自己的观点，社会责任感很强，经常做志愿者，很有正能量。但是，还有两点需要关注，一是他在学习的时候经常会把手机放在旁边,手机响的时候还会忍不住看一眼。二是他基本不做家务劳动,从小到大没洗过碗、扫过地、叠过被子……综上所述,我与他共同约定,用半个学期的时间学会与同学们和谐相处,在同学中间树立威信,学会专注学习,学会为父母分担家务。他的核心素养养成档案如下:

1. 半学期内不担任任何班级职务,每周为同学们做至少两件好事,帮助真正有困难、真正需要帮助的同学。

2. 学会挖掘和发现身边同学的优点,并给予由衷的赞美。

3. 义务协助班干部制订班级规章制度,虚心听取他人意见,表达自己意见时,注意表达的语气和态度要诚恳、有礼。

4. 每周周一至周五将手机交给妈妈保管,周六、日可以自己使用手机1 - 2小时。

5. 每周至少做三次家务,需要家人拍照为证。

【案例2】

刘同学经常郁郁寡欢,高一新生核心素养目标差距调查表第3题和第16题显示,当遇到伤心难过的事情时,她基本不会自我调解,每当和妈妈意见不合的时候,她还很暴躁。调查表第5题显示,生活当中,她没有任何陶冶情操的方法,几乎没有朋友,平日里对听新闻、做家务等一律不感兴趣。有一天,她突然趴在课桌上哭了起来,笔者带她到隔壁的聊天室,她抱怨说自己和同桌因为一支笔没有及时归还而发生了争执。同桌认为她太斤斤计较,她认为同桌不讲信用,说好的只借走一天，结果第二天也不还给她，再三催促还了回来，她发现笔珠掉了，同桌不同意赔偿，她感到很生气。

　　她问笔者："老师，是我错了吗？"笔者说："你没有错，讲信用、有原则是你的闪光点。"她哭得更凶了，说自己上初中时也发生过类似这样的事情，但是老师和同学们都告诉她这点小事，大事化小、小事化了就可以了，没必要争个对错。可事实上，她觉得这是老师和同学们对犯错的人的一种包庇——为什么做错了事情的人不受批评和指责，而自己坚持原则、讲信用却被大家排斥呢？笔者是第一个不但没有批评她，反而还认可她的人，笔还不还已经不重要了，重要的是终于有人理解她了。这个女孩子就是生活当中大家经常遇到的爱钻牛角尖的人。这类人遇到事情不善于变通、也不够包容，但她为人刚正、不苟言笑，因此也少了很多朋友。笔者开导她："虽然你没有错，但老师想问问你，你开心吗？"她很无奈地摇摇头，说那个不讲信用的同桌朋友特别多，而她却一个朋友都没有。"难道大家都喜欢不讲信用的人吗？为什么没有人喜欢我呢？"笔者摸摸她的头："喜欢你的人也一定不少，但是他们估计不敢跟你走得太近啊！""为什么呢？""因为你不太能包容别人的缺点，每个人都会犯错，而且她自己也知道自己有错，但是也不是每个人都像你一样敢于承认错误、勇于接受别人的批评。当同学们看到你因为一支笔跟同桌吵得这么凶，自然就不太敢跟你聊天。你的同桌虽然没有及时还你笔，可当别人跟她借东西时，她也不急于索要，同学们自然就会觉得跟她相处更随意些，每个人的处事方法不一样，如果你能多从他人的角度

考虑问题,也许心境就不同了。"在笔者的建议下,我们共同建立了核心素养养成档案:

1. 每天用 15 分钟欣赏一首世界名曲,并了解世界名曲背后的故事,利用班会、晨会的时间跟大家分享自己的感受。

2. 每当要发火的时候尽量从对方的角度思考问题,如果实在忍不住就想一首古诗里面的句子,来表达自己的心情。

3. 义务帮助班级需要帮助的同学。

4. 利用一个月的时间观察班级每一位同学,写出他们的优点,至少三条。

5. 每周至少做三次家务,需要家人拍照为证。家人做家务的时候要学会赞美并及时帮助。

(三)考察日常表现,用足养成档案

每一份阶梯式养成档案都是班主任和同学们合力完成的,虽然学生在档案建立的时候信心满满,但生活和学习习惯的养成并非一朝一夕就能完成的,过程中一定会有反复或者中断,这时就需要班主任及时发现并给予提醒、帮助学生改进。

案例 1 中的张同学在某一天的班会上,因为对现任班长制订的班规感到不满,提意见的时候情绪明显急躁了些,班长并没有因此而跟他争吵。课后笔者问张同学:"你觉得班长这个人怎么样?"他说:"确实比我强。如果我是班长,早急了。老师,今天班会课是我不对,我没有按照约定有礼有节地表达观点,他当班长我心服口服。""你也有你的优点,也不要因为一点小事就妄自菲薄,你的很多观点都有你的独到之处,但是你的缺点也很明显,就是太过急躁,今天老师要在你的养成档案里扣分了,你有意见吗?""没有意见,老师随便扣分,但是有没有加分的可能?""当然有,下次再提建议时注意态度和方法,做得好老师就给你加分。"加减积分给了学生相应的处罚,也给了他们进步的动力和期待,让学生感到自己是有希望改掉缺点的。

案例 2 中的刘同学本身就是一个认真、讲信用的孩子,有了养成档案的引领和督促,她已经有很长一段时间没有和同学发生争执了,但是她的身边依然没有朋友,她感到很沮丧,感到自己这段时间的努力和坚持都白费了。她问笔者自己为什么不讨人喜欢,我鼓励她说:"你的努力当然没有白费,老师已经默默地给你加了15 分了,你的进步特别大。"她很开心,也很惊讶,没想到自己在老师的心目中进步这么大,但紧接着,她又因没有人愿意和她交朋友而感到难过。笔者和她一起分析了原因:一是她写的同学的优点并没有告诉同学,没有在具体某一情境下适时地赞美同学,所以在同学心目中,她并没什么变化;二是她从不主动邀请同学聊天、做课间操等。于是,我们对养成档案进行了补充:

1. 每天用 15 分钟欣赏一首世界名曲,并了解世界名曲背后的故事,利用班会、晨会的时间跟大家分享自己的感受。

2. 每当要发火的时候尽量从对方的角度思考问题,如果实在忍不住就想一首古诗里面的句子,来表达自己的心情。

3. 义务帮助班级需要帮助的同学。

4. 利用一个月的时间观察班级每一位同学,写出他们的优点,至少三条。

5. 每周至少做三次家务,需要家人拍照为证。家人做家务的时候要学会赞美并及时帮助。

6.课间主动邀请同学一起下楼做课间操、上体育课,主动和同学讨论问题。

7.聊天的时候向同学坦诚地说出自己的缺点,请同学监督并帮忙改进。

现在的刘同学性格开朗大方,她有了朋友,上课自信积极,班会课分享艺术欣赏时收获了雷鸣般的掌声,她的变化让她的笑容更加甜美、走路更加轻盈,我喜欢她的变化。

制订规划由远及近,执行规划由近及远。为了培养学生,使其能适应终身发展和社会发展,为了让学生形成必备的品格和关键的能力,我们制订了阶段性目标,并建立了阶段性养成档案。处理好当前的养成档案,实现了阶段性目标,则更有利于长远的发展规划更好地实现。可见,正确处理好当前和长远的联系,制订阶段性目标、建立阶段性养成档案是高中班主任在接到新班级、新学生首先要思考和践行的工作。

当然,养成档案并不是万能的钥匙。唯物辩证法告诉我们,联系是多种多样的,我们既要处理好当前和长远的联系,也要考虑整体和部分之间的联系,既要有全局观,又要重视关键部分,只有这样才能促进班级和学生全面而有特色地发展。

第二节 处理好整体和部分的联系

唯物辩证法的联系观要求我们正确处理好整体和部分之间的联系。整体是事物的全局或发展的全过程。整体居于主导地位,统率着部分,具有部分不具备的功能。但是我们发现,学生并不是生来就有整体意识的,它需要班主任在学生的学习和生活过程中逐渐积累并培养。

同时,整体由部分构成,离开了部分,整体就不复存在,部分的功能及其变化会影响整体的功能,关键部分的功能及其变化甚至对整体起决定作用。所以,班主任在培养学生全面发展的同时,既要引导学生树立整体目标意识,明确自己是整体中的一员,又要引导学生树立主人翁意识,明确自己是班级不可或缺的一员。

一、树立整体目标意识的理论依据

无论是个人还是一个整体,要想谋求发展,必须要有目标意识,并根据目标的设定走好当下的每一步路。但是个人目标和整体目标对学生长远发展的影响还是不一样的。

毕淑敏曾为我们介绍过哈佛大学的一个关于目标对人生影响的跟踪调查。跟踪调查的对象是一群智力、学历、环境等条件差不多的年轻人,调查结果发现:他们当中,27%的人没有目标,60%的人目标模糊,10%的人有短期清晰的目标,3%的人有长期清晰的目标。25年的研究结果表明:那些有长期清晰目标的人,25年来几乎都不曾更改过自己的人生目标。25年来,他们都朝着同一方向不懈地努力,25年后,他们几乎都成了社会各领域的成功人士,他们中不乏白手创业者、行业领袖、社会精英。有短期清晰的目标的人,大都生活在社会的中上层。他们的共同特点是,短期目标不断被达成,生活状态稳步上升,他们成为各行各业不可缺的专业人士,如医生、律师、工程师、高级主管,等等。模糊目标的人,几乎都生活在社会的中下层面,他们能安稳地生活与工作,但并没有什么特别的成绩。那些 25 年来都没有目标的人群,他们几乎都生活在社会的最底层。他们常常失业,靠社会救济,并且常常都在抱怨他人,抱怨社会,抱怨世界。①

人们都在为那些有目标且相对成功的人喝彩,佩服他们因为有了清晰的目标导向而获得了人生的相对成功,可身为班主任,笔者不得不为剩下的人感到担忧。笔者常常会想,如果他们上高中的时候,老师能督促他们树立整体目标,用整体目标作为导向,那么他们人生的境遇是否会有不同? 他们是否也会有人生出彩的机会呢?

很巧的是,福建师范大学 2021 年的硕士论文《责任意识动态模型如何应用于组织内战略一致性行为? 集体目标导向行为的机制研究》证实了笔者的想法。这篇论文做了很多数据模型,其可信之处在于,这项研究在 Credamo(见数)平台上进行数据在线收集,来自全国各地的 520 名被试在手机、电脑等移动端上填写问卷。其中有 183 份无效问卷问卷被剔除,原因如下:被试身份信息不符合要求;未通过甄别题;复述质量内容审核未通过而被拒绝(复述内容质量审核是审核被试是否认真填写描述事情发生的场景,及事件内主人公的态度、所作所为,对于复制粘贴、表达不清楚、曲解事件等予以排除);作答问卷的时间过短。论文中建立的责任意识模型证明了在飞速发展的当代社会,尽管意识形态多元,当今国人对于集体利益的思考依旧存在。作者通过简单的质性分析,得出集体目标做出的行动对于他个人目标的实现的好处高于个人目标

---

① 毕淑敏:《一百年的调查震撼美国》,《现代交际》2008 第 4 期,第 37 页。

做出的行动对于集体目标的实现的好处,这表明国人比较认可整体目标能够带动人们进步……①

通过哈佛大学的目标跟踪实验,我们可以得出结论:树立目标更有利于促进个人发展。而通过责任意识模型的实验结果,我们可以进一步得出结论,树立整体目标比树立个人目标更有利于推动个人和社会进步。

二、树立整体目标意识的实践体验

班级成立之初,我们首先要帮助学生树立整体目标意识。开学第一天,笔者都会布置一份任务清单,让学生查找资料,寻找并确定一个动物或自然物作为全体同学共同的心灵图腾,并要说明为什么要选择这个图腾、期待达成哪些整体奋斗目标、如何带动全体同学将图腾转化为共同努力奋斗的动力。一位同学提倡以蜜蜂为图腾。这个思路源自一幅拿破仑的肖像画。在这幅肖像画中,拿破仑的加冕长袍和蓝色地毯上都绣有金色的蜜蜂图案。其实早在古埃及的法老墓中,蜜蜂就有代表"王权"的意味。蜜蜂团结、分工明确、辛勤劳动。蜜蜂具有严密的社会组织,有群体意识,上下有序、各司其职,拿破仑希望他统治的国家的人民也能像蜜蜂一样团结、辛勤工作、各司其职、和平共处、合作共赢。这位同学说,希望大家以蜜蜂为心灵图腾,通过三年的共同努力,全班同学可以像蜜蜂一样团结起来,分工协作、和睦相处。

还有一位同学提出了将大雁作为心灵图腾。雁群在飞行的过

①　殷锡连:《责任意识动态模型如何应用于组织内战略一致性行为?集体目标导向行为的机制研究》,福建师范大学 2021 年硕士学位论文,第 46、56 页。

程中,大声嘶叫以相互激励,通过共同扇动翅膀来形成气流,为后面的队友提供"向上之风"。更可贵的是,雁群都有一个共同的目标,那就是飞向温暖的南方。迁徙过程路途遥远,需要同伴的鼓励和帮助,而同学们在备战高考的道路不也是如此吗?大家有共同的奋斗目标——考上理想的高等学府,可孤雁难飞,如果大家一起分享学习经验、互相鼓励督促,高考的路上就不会只有痛苦,还会有快乐和美好的回忆。同学们都觉得他描述的内容特别符合我们的班级,最后大雁这一心灵图腾高票通过。但是学生的接受力和已有知识水平很难驾驭这个雁文化,这就需要班主任来帮他们进行适当的提升。

其实,无论同学们选取哪些图腾作为班级文化符号,班主任都要对其进行目标的引领,否则这项活动就失去了它该有的意义。通过多次的研究揣摩,学生的人文底蕴、人文情怀、集体主义价值观都得到了有效提升。当然,只有文化符号还远远不够,笔者发现,树立集体目标意识可以从以下几个方面入手:

(一)文化符号正向引领

如果说大雁的目标是温暖的南方,那我们班级的整体目标是什么?只是高考吗?只是如何度过高中三年吗?我们需要制订一个长远的、理想的整体奋斗目标,这个目标不能局限于每个个体,而要把自己的命运和国家的命运紧密联系在一起,我们的整体目标要为中华民族的伟大复兴做好自己的贡献。

在用文化符号进行正向引领的过程中进行爱国主义教育是非常有必要的。我们的父辈是从苦难的旧社会走出来的,不需要爱国主义教育也会对幸福生活倍加珍惜。"00 后"的幸福生活唾手可得,他们认为生活本该如此,不会主动去思量和平与安宁的来之不易,不会想到其实我们中华民族每一天都在面临着各种各样的风险,没有意识去思考自己到底为了什么而学习。在百年未有之大变局的今天,思政课要被提到前所未有的高度。近几年国家提出了"课程思政"这个概念,即所有学科都要考虑在课堂上融入思政元素。作为班主任,我们有义务让学生知道,至少引发学生去思考自己到底为了什么而学习?学习到的知识要用到什么地方去?今天祖国的强大让我们享受了和平与安宁,我们应该做的是站在巨人的肩膀上,接过前辈手中的接力棒,完成前辈们未竟的事业。

(二)目标分解有的放矢

我们既要有最高目标让学生"仰望星空",更要将目标分解,提醒学生脚踏实地,美好的愿景需要我们一步步去完成。为了将来全班同学都能为中华民族伟大复兴而贡献力量,现在就要在各方面积蓄力量。因此,每一位同学都要做一份个人长期发展规划,确定自己将来打算从哪些方面为祖国做贡献。接下来,再将整体目标分解成阶段性目标,比如三年后要实现哪些阶段性的奋斗目标、高一结业时要实现哪些更细更小的目标。同时,我们人生中不止考大学这一件事,做人比做学问更为重要。所以我们还要制订分解小目标,除了学习,还有亲子关系、生活方式、与人相处、锻炼身体……这些都是在为我们的整体远大目标的实现而时刻准备着。

(三)内容明确针对有效

可能有的班主任会有疑惑——学生自己制订班级文化、班级目标等,能写得好吗?其实写不好也没关系,如果学生不走心,写得再好,班级文化也只能是墙壁上的一处景观;如果走心了,写得朴实,哪怕只有几句,只要做到了,班级文化便会在学生的心中生根发芽,也就更有助于学生找到自己的定位。当然,学生的已有知识、成长阅历有限,制订的集体目标可能会存在一些缺陷,如内容不够完善、方向不够明确、阶段性不够明显,等等,这就需要老师与学生进行反复磨合。但不管怎样,每个班级的整体目标都要有针对性和适切性,一把钥匙开一把锁。因此,具体制定班级整体目标的时候,一定要确保内容明确,有针对性、有效性,不能纸上谈兵。

这就需要充分利用前面提到的为建立"阶梯式养成档案"而做的问卷调查表。比如,在第14题中,很多同学做不到经常锻炼,且经常熬夜、吃垃圾食品。那班级的阶段性目标就要在这方面有所体现。以高一(5)班阶段性目标为例:

亲爱的同学们,通过对大家上交的"高一新生核心素养目标差距调查表"进行分析,老师发现了一些有共性的问题。为提升同学们全面发展的关键能力和必备品格,经班主任和班干部研究、学生代表举手表决,通过了高一(5)班班级目标,内容如下:

一、文化基础方面

文化是人存在的根和魂。文化基础重在强调能习得人文、科学等各领域的知识和技能,掌握和运用人类优秀智慧成果,涵养内在精神,追求真善美的统一,进而发展成为有宽厚文化基础、有更高精神追求的人。

(一)提升人文底蕴

1.熟悉高一阶段文史学科应知应会知识,尝试运用所学知识提升与同学、家人相处的能力,全体师生共同参与班级文化建设。

2.学会尊重亲人、同窗、师长,尊重陌生人,尊重公共场所服务人员,每月开展一次赞美班会(赞美老师、家长、同学等)。

3.寻找一种艺术手段陶冶情操(弹奏乐器、画画、插花、艺术欣赏等)、提升生活环境中的美感体验。

(二)提升科学精神

1.熟悉高一阶段所学学科的科学原理和方法,学会以事实为依据论证观点。

2.每月举行一次辩论会,学会从正反两方面撰写辩词。

3.发挥创新精神和探索精神,大胆尝试、处理日常生活和学习情境,每次形成性检测后邀请进步显著的同学分享学习心得。

期待高一(5)班能在本学期末的班级文化建设评比、校园文化艺术节评比、校园十佳百优中学生评比中脱颖而出。

二、自主发展方面

自主性是人作为主体的基本属性。自主发展,重在强调能有效管理自己的学习和生活,认识和发现自我价值,发掘自身潜力,有效应对复杂多变的环境,成就精彩人生,进而成为有明确人生方向、有生活品质的人。

(一)学会学习

1.能正确认识和理解学习的价值,具有积极的学习态度和浓厚的学习兴趣。

2.对自己的学习状态和学习效果能够经常进行审视和反思,每周上交周记一篇,字数不限,但必须写出真情实感。

3.学会收集课堂教学所用资料,能自觉、有效获取、评估、鉴别和使用网络信息。

(二)学会生活

1.有良好的生活习惯,具有安全意识与自我保护能力,至少坚持一项适合自身的运动项目。

2.具有积极的心理品质,自信自爱,开朗大方,具有情绪的自我调解能力。

3.能正确认识与评估自我、管理自己、约束自己的言行。

期待通过全体努力,高一(5)班在学期末能被评为优秀文明班集体,所有同学的成绩在期中、期末以及形成性检测中呈进步趋势。

三、社会参与方面

社会性是人的本质属性。社会参与,重在强调能处理好自我与社会的关系,养成现代公民所必须遵守和履行的道德准则和行为规范,增强社会责任感,提升创新精神和实践能力,促进个人价值实现,推动社会发展进步,发展成为有理想信念、敢于担当的人。

(一)责任担当

1.自尊自律,文明礼貌,诚信友善,宽和待人,孝亲敬长,有感恩之心。

2.学会一项或几项“非遗”技艺,提升文化自信,尊重中华民族的优秀文明成果。

3.具有全球意识和开放的心态,了解人类文明进程和世界发展动态。

（二）实践创新

1.具有动手操作能力,掌握一定的劳动技能;在主动参加的家务劳动、生产劳动、公益活动和社会实践中,具有改进和创新劳动方式、提高劳动效率的意识。

2.善于发现和提出问题,有解决问题的兴趣和热情。

3.具备科技与信息应用的基本素养,具有学习掌握技术的兴趣和意愿。

期待通过一个学期的学习和良好的习惯养成,全体同学能够提升自己"正己、修身、齐家、治国、平天下"的责任担当,同时具备发现、分析、解决实际问题的能力。

三、搞好局部,使整体功能得到最大限度的发挥

心理学中的互惠原则,似乎成为整个生物群体共同支持的隐性法则。如果遵循它,每个个体都可以获得更大的利益,而如果违背它或者无视它的存在,那么作为个体,它的存在也将被忽视,甚至连它存在的本身都将遭到质疑。正如大雁在飞行过程中,雁群大声嘶叫以相互激励,通过共同扇动翅膀来形成气流,为后面的队友提供"向上之风",而且"V字"队形可以增加雁群70%的飞行范围。同样的道理,如果一个班集体能将其作用发挥到最大化,就必须让各个要素注重整体性、有序性。这就涉及班集体的核心队伍建设及其职责构架问题。人员的调配又涉及另外一个需要我们注意的地方,那就是注重系统内部结构的优化趋向。如何让最适合的人做最适合的事,如何让每件事都有最适合的人做,这是使整体

大于部分之和的关键环节,班干部和各项事务的分配事项则是班主任需要精心编制的着力点。公平、公正、公开是一个大前提,但由于高中学生对自己的了解程度不是很深,有时他们本身也不知道自己是否具备某方面的潜质。班主任需要多多创造机会,给孩子们提供"海阔凭鱼跃、天高任鸟飞"的平台,让学生在锻炼中不断认识到自己某方面的才能,班主任也可以通过若干活动不断发现每个孩子的性格特征,再鼓励其放大自己的优点、改进自己的缺点、淡化自己的自卑和自负、美化自己的人格。

(一)各司其职,各尽其能

笔者经常鼓励同学们,不想当将军的士兵不是好士兵。每位同学都要给自己安排一个职位,以此建立一套严密有序的自我管理秩序,以确保班级集体目标的有效实现。当然,班主任首先要发动学生一起制订规章制度。班级作为一个整体,需要完成高考的学习总目标,需要完成学校布置的常规考核,需要参加学校和年级举行的各种比赛,需要制订班级全面发展的计划,这些都需要有专人负责。比如:集合排头兵(升旗、间操、去报告厅集会、去综合楼做实验等)带领班级做到"快、静、齐";督查员(负责保持课间、午休、早午晚自习时教室的纪律);护花使者(负责班级绿化花的征集、养护);作业催单(催收作业);形象大使(校服、发型、饰物的检查);图书管理员,等等。总之,结合班规的制订,班级中有许多个职位虚位以待,得到哪个职位就是哪个方面的领头雁。同学们也可以自己畅想,看看自己愿意为大家提供哪些服务。如果有竞争,那就支持率高者上岗。

笔者不赞成只有班主任才能做头雁,因为班主任不是全能,只有每个人将自己的优点都发挥出来,才能达到"1+1>2"的效果。这个过程当中,我们既要立足整体、统筹全局,又要搞好局部,鼓励每位同学各司其职、各尽其能,为班级的整体目标实现贡献自己的一份力,促进整体功能得到更大发挥。

(二)内部有序,结构优化

人人都是干部固然好,但是这样也有弊端,容易造成各自为政,所以还要以组为单位,将各个要素进行整合,既强调每个人优势的发挥,又强调整体的最优化。我们可以首先请全体同学直接选出举组长,再由组长选举产生班委会。班级工作由班委会承接,再分配到各组,细化到个人,进而形成人人有事做、事事有人做的网格式管理结构。

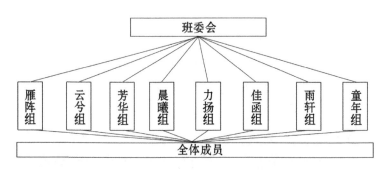

图1-1 班级管理的网格式结构

班级管理者产生的原则是政治课堂经常强调的,由谁产生、对谁负责、受谁监督。首先,由全体同学直接选举产生本组的组长和副组长,再由组长选举产生班委会。每个组分工协作、合作竞争,共同承担班级各项任务。班里每件事都有专人负责,每个人都有至少一项工作要完成。通过一个个充满个性的小组的建立,充分调动了每个学生的积极性,大家都能融入班级管理,这样既提升了学生自主管理的能力,也让学生感受到了他人管理的不容易,对每个学生的自主发展都能起到很大的作用。

长期从事班级管理的班主任很清楚,引导学生自主管理班级远比班主任亲自管理要艰难得多。因为把班级真正交到学生的手上,虽是一个有益尝试,但却有很大的风险。学生的组织性、纪律性存在较大的波动,管理经验不足,他们对于班级各项事务的处理未必是合理、完善的。为了避免产生管理漏洞,建立良好的班级管理秩序,班主任还要和任课老师、全体同学一起编写"班级管理评价与反馈办法"。比如针对学生的作业完成情况,作业催单负责人是否做到了尽职尽责?有没有将没有上交作业的同学姓名上报给任课教师?我们可以邀请任课教师给他打分。如果一个月内本班作业上交及时有效,且全员参与,这位同学所在的小组即可被加分。每个月的月考核,除了遵守班规,还要将组内成员的管理效果和服务程度纳入考核范围,得分最高的那个组可以有资格承办一次"超级演说家"活动。"超级演说家"活动非常受欢迎,每组学生都争先恐后要承办,因为他们可以小组为单位发表即兴演说,内容可以是自己感兴趣的内容、当前国际国内新闻等,活动时间是最自由的思想碰撞时间。

当然,无论做什么,我们也不能忘了为什么要这样做。大雁组队飞有一个共同的目标,那就是到南方去过冬,那里有它们渴望得到的生存资源。为了这个目标,它们有理由飞到一起,飞向远方。对于学生而言,高中阶段的整体目标就是提升知识、提升能力、提升素养,通过考入高等学府,实现自己人生的长远目标。高中阶段的目标是一个目标系统,每个学生高中阶段的目标就是这个大系统中的组成要素。作为班主任,我们要帮助学生树立整体目标,同时要提高学生对个体目标价值的认识。一方面引导学生参与制定班级的整体目标,另一方面引导学生把大小目标、远近目标结合起来,根据自己的实际情况,设置一个有挑战性的个体目标。学生在积极做好学习计划、一步一个脚印扎实学习的时候,在提升责任担当意识、参与班级管理的时候,在主动参加活动、将自己的荣誉和班级的荣誉紧紧结合在一起的时候,就是班级这个目标系统逐渐达成的节奏。

不过,在制订班级目标的过程中,学生可能会出现好高骛远和自惭形秽两种情况,这都不利于其制订适合自己的目标。班主任该做的则是及时纠正和提醒,使他们经过刻苦学习和多方面开发潜能达到预定目标,并在实现目标的过程中获得成就感,从而不断提升学生的主人翁精神和责任担当意识。值得注意的是,在实现目标的过程当中,班主任依然要注意心理护航,细心观察,及时给予表扬、肯定、支持、鼓励、关心、理解、宽慰和批评等。当每个个体的目标实现了,一个班级的总体目标也就达成了。如果每一个学生都有了目标意识,那么整个班级的雁阵就形成了。

第三节　处理好内部和外部的联系

唯物辩证法告诉我们,世界上一切事物之间以及事物内部诸要素之间都是相互依赖、相互制约、相互影响、相互作用的。所以,联系具有普遍性。联系还具有多样性,如内部联系和外部联系、直接联系和间接联系、必然联系和偶然联系、本质联系和非本质联系等。其中,事物之间以及事物内部的联系就是外部联系和内部联系。联系又具有条件性,条件是对事物存在和发展发生作用的诸要素的总和。条件对事物发展和人的活动具有支持或制约作用,也就是说,有的条件可以促成联系,有的条件会阻碍联系。因此,我们在实践中,既要注重客观条件,又要恰当运用自身的主观条件;既要把握事物的内部条件,又要关注事物的外部条件;既要认识事物的有利条件,又要重视事物的不利条件。总之,把握事物的联系要以时间、地点和条件为转移。

对学生的培养像社会发展中的任何事物一样,离不开必需的内部条件和外部条件。核心素养作为必备品格和关键能力并不是与生俱来的,它对学生的塑造也是有条件的:内部条件是学生的内驱力、发自内心的主动向善向好,外部条件是家庭的熏陶、学校的培养、社会的影响……内部条件至关重要,外部条件必不可少,二者相互联系、相互统一。一方面,核心素养的提升从根本上离不开学生的内驱力,学生必须真正发自内心地向善向好才能让核心素养落地生根;另一方面,学生内驱力的提升除了靠日积月累地读书、学习、感悟、体会,还要靠外部条件给予必要的支持,比如,需要家庭作为第一学校、家长作为第一任老师对孩子进行常年的熏陶;需要不同学段的学校在学生成长的不同阶段给予不同程度的培养;需要社会各方提供正能量,让学生在开阔视野的同时能够感受到世界大舞台的美妙多姿……而这些不能直接决定学生核心素养的提升程度,它们必须作用到学生本身,通过学生的内驱力等内部条件得以发挥作用。所以,我们既要把握事物的内部条件,也要关注事物的外部条件,既要帮助学生提升内驱力,又要为学生创造良好的外部条件。

一、核心素养培养的内部条件分析

要培养学生成为一个大写的人,我们可以充分利用很多内部条件,比如学生内驱力的自我激发、成长阵痛的自我化解、多种能力的自我提升……

(一)以榜样分享为突破口,实现学生内驱力的自我激发

高中生有了基本的自我认知,就有了自己期待成为的人。但由于阅历尚浅,有的学生看到表面光鲜亮丽的歌星、网红备受瞩目,便把他们当成自己学习的榜样,还振振有词地说他们也很努力,也吃了很多人生的苦,应该且值得成为自己的榜样或者偶像。而作为班主任,我们自然希望学生能将为人类社会创造更大的社会价值、做出实实在在贡献的人视为榜样。但是耳提面命是无效的,高中阶段的学生逆反心理较强,越是老师、家长不喜欢的榜样类型越被他们追捧,美其名曰有个性;越是老师、家长期待学生成为的榜样类型越被他们鄙视,美其名曰不与虚伪之人为伍。鉴于此,笔者在班里开展"分享会",每周一至周四,请学生同读一本书、共写一封信,周五下午自习课请同学们做分享,让那些值得钦佩和学习的榜样走进更多人的心里。

【案例1】我读《习近平的七年知青岁月》

学生a:我们喜欢叫他习大大。经常看见习大大代表国家出席各种国际会议、处理各种国际关系、站在世界舞台中央为

提升中国的话语权而努力。我们觉得他亲切可爱又和蔼可亲，儒雅又有文采，我们梦想着有一天自己也能变成他那样的人，可是看到这本书的介绍，我才发现，我们只看到了总书记闪闪发光的一面，却没有看到他曾经经历的种种苦难，那些让总书记至今都难以忘记的知青岁月。

孟子说，天将降大任于斯人也，必先苦其心志，劳其筋骨，饿其体肤，空乏其身，行拂乱其所为也，所以动心忍性，增益其所不能。自古及今，所有的成功都是建立在不断的磨炼、不断的自我调整基础上。习近平总书记在陕北农村一待就是七年，是知青当中"年龄最小、去的地方最苦、插队时间最长的"。他七年来经历的恶劣的自然条件、繁重的生活劳动、严酷的政治考验、巨大的心理压力都没有将他打到，反而促使他得到更加快速地成长。习近平在梁家河村不到两年时间内，办沼气、办铁业社、办磨坊、种烤烟、办代销店，打井、搞河桥治理、打五大块坝地等，坚持为民做事、为民谋利，将自己的青春和奉献挂钩，让自己的青春绽放出美丽的花朵。给我印象最深的就是办沼气这件事。1975 年 9 月 20 日，中秋节。《延安通讯》头版头条刊登报道《取火记——延川县人民大办沼气见闻》，详细介绍了梁家河村的"沼气革命"。当时，年轻的村支书习近平带领群众建成陕西第一口沼气池，轰动了整个延川县。习近平初到梁家河插队时，亲眼看到当地群众不仅口粮严重不足，而且连煮饭的柴火也是问题。担任村支书后，他一直在思考解决村民砍柴难、做饭难、照明难的办法。一天夜里，习近平在《人民日报》上读到一篇介绍四川推广利用沼气的报道,顿时心潮澎湃——要是梁家河也能像四川一样利用沼气煮饭、照明该有多好!不久,延川县委决定派6人前往四川"取经",习近平是其中一员。"取经"回来,习近平开建沼气池。要把设想变为现实,靠什么?就得靠劳动、靠实干。《取火记》中写道:"建池需要沙子,可是梁家河没有,习近平同志就带领几个青年到15里外的前马沟去挖;建池的水泥运不进沟,他又带头从15里外的公社背了回来;没石灰,他们又自己办起烧灰场……"经过二十多天紧张施工,沼气池眼看就要大功告成,人们突然发现池子漏水跑气,如果不及时清理水粪就有报废的危险。习近平同几个年轻人顾不上睡觉,连夜用桶往外吊水粪。面对沾满粪浆、又脏又臭的沼气池,习近平和技术员二话不说,直接跳进池子里,用清水洗刷池壁,寻找裂纹,进行修补。他们的行动感染了身边人。劳动出奇迹,1974年7月,沼气池顺利点火,梁家河点亮了陕北高原上的第一盏沼气灯,困扰老百姓多年的烧柴问题也得以解决。直到十多年后村里通上电,沼气池才退出历史舞台。

正是有了像习近平同志这样的好干部敢于率先垂范,肯想办法,愿意带头,真正为百姓着想,才有了当地人民生活水平的提高。这又让我想到另一件事,2020年11月23日,贵州9县宣布退出国家级贫困县序列,至此,全国最后52个贫困县全部实现脱贫目标,14亿人告别绝对贫困,数十年来的扶贫工作,7年来的精准扶贫,取得标志性的成果。我想这些数字的背后,也一定有许许多多个像习总书记这样的人,或是领导干部,或是村支书,或是普通老百姓,有了他们的付出,才有了我国今天取得的如此成就。从今天起,习大大就是我的榜样,我也要向他学习,也许我不会像他那样成功,但习大大说过,伟大出于平凡、英雄来自人民。将来无论我走到哪里,做些什么,我都会敢于想办法、解决问题,我都会天下为公,工作精益求精,做好自己该做的,为中华民族的伟大复兴献出我的绵薄之力。

【案例2】致我的母亲

儿时我家特别穷,穷到很多同学说无法想象,但是我却有着他们无法想象的乐趣,这些乐趣都源于我有个坚强而伟大的母亲。

儿时很多朋友都住楼房,只有我家住平房,夏天特别热、冬天特别冷。我跟妈妈抱怨说自己也想住楼房,妈妈微笑着告诉我,平房好处更多,夏天可以在院子里刷牙,可以一边刷牙一边灌蝼蛄;冬天可以推着家里的小推车去捡木头。于是我就非常开心地跟朋友炫耀住在平房的好处。

夏天,每当我不爱刷牙时,妈妈就带我玩灌蝼蛄的游戏。我家门口有一小块用水泥做的台子,这块台子周边是用红砖铺的地面,红砖地面和这块不大的水泥台子的接缝处留有缝隙,大约有三厘米到五厘米宽。我和妈妈都发现这个缝隙里经常有虫子挖土、往里拱的痕迹。妈妈说:"你用你的刷牙缸儿接些水,往这里灌水,看看能灌出来什么?"我特别开心,觉得这给刷牙增加了乐趣。我一边刷牙,一边用那个小小的刷牙缸儿接了水来，往那条缝隙里、有可能藏着不知是什么宝贝的地方灌水。刚灌完水，我说："没动静啊！"妈妈说："别急，过一会儿就出来了。"妈妈进屋准备着早饭，我接着洗脸、洗手，不时地向这边看看，果然看到一只蝼蛄出来了，它在地上扭动着身体，笨笨地、使劲地爬着。我高兴极了，嘴里喊着："妈妈！灌出来啦！是大蝼蛄！"妈妈也走到门口，看到蝼蛄，笑着跟我说："玩一会儿就赶快来吃饭，别踩死了，明天早晨还可以灌蝼蛄玩。"

慢慢地，"灌蝼蛄"这个游戏成了我刷牙的一大动力，一刷牙就想到可以灌蝼蛄，一玩蝼蛄就想到刷牙。那个刷牙的搪瓷缸一直在我家里"服役"，后来用作舀米的舀子。

每到冬天，我和妈妈有个特别艰巨的任务——捡木头。当时我还不知道捡来木头是做什么用的，只是觉得捡木头是一件很好玩儿的事。

我们家临时的居住地在我们村西侧，靠近水稻田。那时我家附近有一所小学正在迁址重建，已经接近完工，校园内有不少散落在地上的废建筑木料。一天早晨，妈妈叫醒了我，说："儿子，和妈妈一起去捡木头吧？妈妈一个人捡不动，需要你这个小帮手。"当时我感觉自己有点像《小马过河》里的小马，一听说能帮妈妈做些事，心里特别开心，当然我也感觉捡木头应该挺好玩儿的，立刻就起床了。姐姐早晨睡眼惺忪的，总是睡不醒，不愿意一起去，妈妈也没有强求她。所以每次都是我和妈妈一起去小学里捡木头。当时我们有一辆手推车，就是爸爸几年前给我们做的那辆儿童推车。现在我和姐姐都大一些了,不再坐了,手推车就成了我们买东西、捡木头必须带着的"大玩具"。妈妈早晨推着那辆推车,我蹦蹦跳跳地跟着就出了院门,向右拐弯,推车在砖路和土路上颠簸着前进,按照约定,这段路上,妈妈会给我讲一个小故事,我会给妈妈唱一首儿歌。不知不觉地,我们就走到小学大门口口。进去后才发现,新的小学可真宽敞,一排排整齐漂亮的办公室和教室让人看见心里就高兴。我和妈妈推着车往里走,沿途看见能拿的木料,就拿起来放到车里。"小心木头上有钉子!"妈妈冲我说。我很小心地拿起能拿得动的木头放进推车里,妈妈尽力拿更大一些的木头。不一会儿,手推车就装满了,我们每一次都是把车装满才回去。记得有一天早晨,我和妈妈在小学里捡木头时,碰到管理校园的人,那人看我们捡木头太多,就提醒我们说:"有些长木头还有用,别捡太多,而且如果再来捡木头,最好再早一点,别影响工人干活。"妈妈当时脸红了,连忙点头说是。后来我和妈妈每次都是特别特别早起床,不等工人进学校就早早地从学校出来。前后去了多少次我如今已经记不得了,当时我也没有问过捡这些木头是要做什么,直到很久以后才知道妈妈要用它生火、做饭。

灌蝼蛄和捡木头的经历是属于我和妈妈两个人的,我很以能独享这段经历而欣慰。我家虽然日子过得艰难,但从小我就认定,只要有妈妈在,无论夏天多热也有人给我扇扇子、哄我睡觉、陪我一边刷牙一边看小虫子;无论冬天多冷也有人陪我唱歌、玩小推车、捡木头,家里的冬天虽然特别冷,但最开心的就是围在炉火旁听妈妈讲故事。温暖我的并非是那些木头，而是妈妈对生活的乐观与坚强。妈妈从来没有说过生活有多苦，却经常告诉我身边就有很多玩具，比如木头、手推车、灌蝼蛄……

如今，我长大了，全家都搬进了楼房，那段平房的生活却让我记忆犹新。我感到自豪又幸福，因为我有个特别特别伟大的妈妈，她坚强、乐观，对生活从不低头，在别人抱怨的时候，她努力工作生活，在别人炫耀的时候，她但笑不语、毫不自卑。我爱我的妈妈，我以我伟大的妈妈为我一生学习的榜样。

这两篇作品很有特点，一篇写了大人物，一篇写的小人物。两篇作品的共同特征，就是主人公都脚踏实地、乐观进取。后来这两份作品被推荐到了学校的校刊当中，班级的"分享会"也一举成名，同学们都以能在分享会上获得掌声和泪花为荣耀，他们认真阅读、努力思考、精心细作，展示的作品也越来越精致。大家的写作能力有提升的同时，班级的正能量也是满满的。闲暇时间里，讨论网红明星的孩子变少了，讨论国之栋梁的孩子增多了，每当听到他们说最近又读了哪位大咖的自传、最近又听了某位教授的解读，笔者就倍感欣慰。通过以"榜样分享"为突破口，实现学生内驱力的自我激发，远比班主任用十节班会课进行说教更有效果。

(二)以阶段性心理特征为依据，实现学生成长阵痛的自我化解

有人说，现在的孩子不缺爱，父母都把最好的给了孩子。但是

通过对历届高中生进行问卷调查后发现,现阶段的高中学生普遍存在因缺爱而引发的心理问题:认为亲友和师长无法走进自己的内心世界,不理解自己,内心感到无比孤独;对死亡感到无所畏惧,觉得走向死亡是一件很酷的事情;认为读书、考大学是给爸妈"长脸",跟自己无关,爸妈不是真的爱自己,只是希望通过督促自己学习、考好大学来换取亲友、同事羡慕的眼光……很多孩子的父母笔者是了解的,其实父母并没有那么虚荣,但青春期的孩子希望被关注、希望被认可,敏感多疑,爱钻牛角尖,总是觉得师长对他们的好并不是真的好。

对此,我们不禁要思考,到底哪里出了问题?归根结底还是孩子自身。高考是孩子们第一次独自面对人生的重大选择,难免内心惶恐,每当师长督促学习的时候,孩子们内心是希望自己学习能力强、学习效果好的,因为孩子们都渴望得到关注、尊重、认可,但我们也要承认孩子们的学习力是存在差异的。我校是区域内的重点高中,各个初中的佼佼者到这里后变得"成绩平平",很容易滋生心理问题,若不及时处理,终将会引发大问题。外界的干预固然重要,但心理的自我重建更为重要。通过一些活动的策划、组织、参与、总结,学生疏解了来自学习的压力,缓和了与师长、同学的矛盾,心情舒畅了,也就有了更合理的自我定位,从而能够实现成长阵痛的自我化解。

比如,班级开展擦玻璃比赛,这项比赛的寓意并没有看上去那么简单。我们先请同学们为这个比赛做了前期策划,编制了比赛规则、评分标准。

表 1-2 擦玻璃比赛操作程序及打分标准

项目	操作程序及标准	分值	扣分	得分
准备	清洁玻璃前,清洁工具是否准备到位	15		
喷	用喷壶将玻璃清洁剂均匀喷洒在玻璃表面	10		
刮	从玻璃顶部开始,由上而下进行刮拭	25		
玻璃表面	玻璃表面无污渍、无水印、干净明亮	30		
地面	地面无水渍、无杂物,完工后清理干净	10		
赛后总结	欣赏擦过的玻璃、表达劳动后的感想	10		
合计		100		

赛后总结这一步骤是我们班的创新之处,让同学们欣赏自己和同伴们擦过的玻璃,或整洁无痕的,或有稍许污渍痕迹的,大家透过玻璃看到的世界更像是自己的内心。同学们一边欣赏自己的劳动成果,一边诉说着自己看到的世界、看到的自己,内心的孤独、苦闷排解出来,大家互相安慰。同学 A 描述自己过得有多惨,同学 B 会说:"你这算什么?我经历的事情你听都没听过。"同学 C 也会激动地说:"我以为只有我这样,原来大家都一样!"他们找到了心灵的伙伴,也就有了安慰,内心的孤独感被劳动付出的汗水和同学的慰藉所取代,心胸打开了,看人看事就不走极端了,回家看到父母也就没有敌意了。

二、助力学生全面发展的外部条件分析

唯物辩证法告诉我们,联系是多种多样、有条件的,一切以时间、地点、条件为转移。我们既要充分利用内部条件,也不能忽视外部条件。首先,外部条件的作用是通过内部条件的作用实现的。

比如,我们要培养全面发展的人才,师长的助力不能直接决定每一个学生都能实现全面发展,它必须借助学生本人内驱力的推动。同时,我们强调内部条件并不等于可以轻视外部条件。就必要性来说,外部条件和内部条件同样不可缺少,如果学生的内驱力不足,师长、学校、社会的助力就显得格外重要。因此,内部条件是根本,外部条件也不可缺失,我们要实现内外条件的统一。

在促进学生全面发展、提升核心素养这方面,来自学校、社会、家庭、父母、亲友、班主任、任课教师的助力都是不可缺失的外部条件。作为班主任,必须充分认识和利用外部条件,通过外部条件作用到内部条件,帮助孩子健康成长,这是我们必须承担的职责。

(一)走"系列家访"道路,与家长建立"统一战线"

家长是促进学生全面发展、提升学生核心素养中最为必要的外部条件。但是,高中生叛逆心理强,难免与家长有隔阂。对此,如果我们为了与学生建立深厚友谊、一味讨好学生,则会助长学生厌烦家长的心理;如果我们为了管教学生,而将学生的小秘密毫无招法地透露给家长,使学生受批评,则会让学生对班主任产生憎恶和不信任的负面情感。因此,我们需要把握一个"度",既要保护学生的内心世界,又要让家长合理介入,实现共赢,这样才能让家长成为促进学生全面发展的最大助力。鉴于此,笔者采取了"系列家访"的有效招法,与家长建立了"统一战线"。

班主任都熟悉家访,尽管现在家校沟通的渠道和途径呈现多元化的特点,但家访仍然是一种既具有中华优秀传统文化价值又能体现新时代、新使命的重要方式。家访既是提升育人成效的应然之举,又具传承"家文化"的教育责任,因而是家庭教育指导的现实力量。在家庭教育指导日益被重视的当下,尤其在"双减"背景下,提升育人成效的呼声越来越高,学校对家庭教育指导的价值愈加凸显。① 因此,家长对家访的期待值也就相应提高。但是,也有大量事实证明,一次家访能起的作用有限,因此笔者选取了"系列家访"。

系列家访是指针对一类问题进行一个系列的家访,它分为纵向和横向两个方面。比如,针对手机的适度使用问题,横向的系列家访是先对班级每个家庭进行初步调查,找出以下两种家庭作为横向家访的对象:一是家长对孩子使用手机感到担忧和不满的家庭;二是家长与孩子在手机使用问题上有较好解决方法的家庭。我们要对这些有共性特征的家庭进行横向家访。除此之外,还要再从若干家庭中选出情况较为特殊的,比如逆反心理格外严重、成绩下滑特别突出、厌学情绪极为明显的学生,比如亲子关系紧张、父母行为偏激、父母教育孩子方法不一致而发生冲突等的家庭,这些家庭就是我们要纵向家访的对象,我们要对这些个性明显的家庭进行纵向的、多次反复的跟踪家访。

1. 借助横向"系列家访",从群众中来,到群众中去

唯物辩证法告诉我们,人民群众是社会历史的主体,我们要坚持群众观点和群众路线,做到从群众中来、到群众中去。其实班主任的招法中,广泛吸纳众多家庭的优秀招法最接地气。因此,笔者时常从家访中找办法、到家访中解决问题。

比如,有很多家长反映,学生回家之后总要先玩一会儿手机再

---

① 张蕾:《新时代中小学班主任家访的"难为与可为"——基于家校合育视角的分析》,《教育科学研究》2022 年第 7 期。

写作业,写作业的时候也是"机不离手",家长索要手机,学生就跟家长吵闹,甚至有的以绝食为手段威胁家长。于是,笔者在家长群里发了一个简单的问卷调查:

1. 您的孩子每周使用手机的时长大约为:

   2 小时以内;   2 - 5 小时;   5 - 10 小时;   10 小时以上。

2. 您觉得孩子使用手机的时长在您的接受范围内吗?

   _____

3. 孩子使用手机的理由一般为:

   查资料;   难题求解析;   玩游戏;   刷短视频。

4. 在孩子沉迷手机的问题上,您有什么好的解决办法?

   _____

5. 当孩子执意要使用手机,您会使用武力解决问题吗?

   _____

6. 您在孩子学习的时候,会在旁边刷手机吗?

   _____

通过家长的反馈,我们发现有的家庭亲子矛盾很激烈,有的家长甚至摔了手机,但是摔了之后又给买了一款新手机,理由是觉得孩子应该受到教育了;有的家庭在手机使用问题上处理得却相当适切。比如,笔者去一个模范家庭家访,之所以说是模范家庭,是因为妈妈和孩子都很有自我约束力,妈妈从不在孩子面前刷手机,孩子也从不因为手机跟妈妈大呼小叫,这源于母女之间的一个笔头约定:妈妈和孩子一起制订了手机使用规定,平时手机被存放在一个带锁的小箱子中,钥匙由妈妈保管,每周五晚上

7－9点，孩子可以自由使用手机。规定的下面还有妈妈和孩子的签名。在另一个模范家庭中，孩子玩游戏成瘾，爸爸起初很着急，后来想到了好办法，每天晚上8点，全家进行亲子运动，一起在小区跑步、跳绳，回家后再学习，孩子学习效率极高。笔者由此举一反三，发现还有很多其他的亲子活动，都可以起到转移注意力的作用，等等。

搜集很多好的办法，再加上反思总结和提升，笔者很有底气地带着各种好的招法来到了因为手机使用问题引发矛盾的家庭，根据各个家庭的不同特点用不同的方式进行引导。比如，有的家长自己很难做到以身作则，笔者引导家长中的一方和孩子订立契约，家长和孩子使用手机都公开进行，如果家长是处理工作上的事情，孩子不得提出异议，如果家长刷短视频超过半小时，孩子可以换取周末一个小时自由使用手机，如果家长周一至周五都能约束自己，孩子周末也不使用手机。起初家长自控力很差，孩子周末得到了自由时间，渐渐地，家长从自身做起，这让孩子看到了不一样的爸爸，孩子也自然不再对手机过度依恋，父子之间一起下棋、打球，取代了各自刷朋友圈、看视频。

从家访中寻找优秀案例进行总结、提升、加工创造，再将好的经验带到家访中去。"从群众中来，到群众中去"的工作方法使笔者在班主任工作中如鱼得水，这也为促进学生的全面发展提供了良好的外部条件，这些外部条件会激发学生的内驱力，从而促进学生的发展。

2. 借助纵向"系列家访"，连续性跟踪、螺旋式上升解决问题

通过横向的"系列家访"，我们可以发现很多宝贵的经验，解决

很多共性存在的问题,帮助一些家庭解决这样或那样的矛盾。但是有些家庭矛盾并不是一次家访就能解决的,它还存在许多链条式的矛盾,需要我们连续性跟踪、多次反复家访。反复不等于重复,正如唯物辩证法中所说的,人类对一个事物的认识总是反复的、无限的,是波浪式前进、螺旋式上升的,我们家访也是如此,一次家访并不能从主观上改变家长和孩子任何一方根深蒂固的想法,班主任对每个问题家庭的认识总是随着时间的推移、次数的增多、经验的积累不断深化的,是呈螺旋式上升趋势的。

比如,还是针对手机使用问题,通过对这一类问题的家访,可以解决大部分家庭的问题,但是还有一些家庭存在这样那样的特点,有的家庭虽然编写了手机使用规定,但家长的监督作用甚微,规定如同一纸空文,毫无约束力,孩子在约定以外的时间向家长索要手机也能如愿使用;有的家庭虽然在家访过程中频频表示愿意监督和被监督,但孩子已然成瘾,在班主任离开之后继续我行我素,拒绝上交手机、拒绝被父母监督手机的使用;有的家庭编写了手机使用规定,孩子从周一至周五严格遵守,但到了周五晚上,家长却以"21 天养成一个好习惯"为由,拒绝孩子按照事先的约定使用手机。以上现象直接导致了这项举措的夭折,乃至后面即便有好的办法也并未产生好的效果。

鉴于此,笔者开展了针对某个家庭的纵向的"系列家访"。

【案例】"诺"字的效果

小高同学酷爱手机游戏和乐队,第一次家访中,家长提到了这两个爱好是目前影响孩子学习的主要因素,小高同学

47

也坦言，自己经常使用手机打游戏、经常和朋友一起玩乐队，虽然很开心，但是内心总是空荡荡的。我和家长一起劝说，与小高同学共同制订了手机使用细则，他也表示要放下手机，寻找曾经优秀的自己。手机使用细则中有一条规定，如果一个月连续30天不打游戏，可以在月末与伙伴出去玩乐队。但是有一个周末他没有约束好自己，玩了3个小时的手机游戏，妈妈告诉他月末不能出去玩了，他当时打游戏兴致正浓，没有任何意见，但是到了月底伙伴们告诉他有个大型比赛，团队需要他，他开始反悔，每天跟妈妈吵闹着要出去玩，最后还给妈妈写了一封信：妈妈，能不能答应我后天和同学出去玩乐队？我以后保证听您的话，再也不碰手机了，行还是不行，请填空吧。信的最下方是一个田字格，表示只想让妈妈填写一个字"行"。

在这个家庭中，我们看到了小高妈妈的犹豫不定和毫无原则、看到了孩子的自我放纵和任性贪玩，孩子用一个田字格请求妈妈同意他在违背承诺的前提下继续玩乐队。受小高妈妈的邀请，我再一次坐到了他们母子之间，妈妈和孩子各执一词，妈妈还拿出了孩子写给她的那封信。当他们同时向笔者求助的时候，笔者思考了片刻，给出建议——在田字格里填上"诺"字，通过这个字告诉孩子：既然知道如果没有按照规定使用手机就会失去月底出去玩的机会，那么你的承诺是不是也该兑现呢？在古代，"诺"字还有答应的意思，用的"诺"字而不是用的"行"字，就是想告诉孩子，这一次答应你去参加乐队比赛是不想让你失信于人，一诺千金，但是回来之后要接受相应的惩罚。我们一起订立了替代性惩罚措施和下一个月的手机使用规则，虽然孩子受了罚，但亲子关系却有了好转，孩子觉得妈妈没有像之前那样简单粗暴，欣然接受惩罚措施和新的、更加严苛的手机使用规则，妈妈觉得孩子没有像之前那样闹绝食，也更能理解妈妈对他的约束也是一片苦心。

第二个月，笔者第三次来到这个家庭的时候，妈妈和孩子一起自习的画面令笔者久久难以忘怀。妈妈正在忙碌地摘抄高中生营养餐大全，孩子正在啃一道数学题。当笔者问到这个月效果如何的时候，妈妈夸奖孩子很讲诚信，执行手机使用规则丝毫不打折扣；孩子赞美妈妈和他一起戒掉了手机和电视剧，陪他一起学习。

对于这个家庭，笔者借助纵向"系列"家访，连续跟踪引导，初步解决了孩子的手机使用问题，也许后面会有反复，或者还会出现其他问题，但是只要我们把家长放到"统一战线"的行列当中，尽量和家长密切沟通，零距离了解孩子的课后情况，这对于解决孩子的很多问题都是大有裨益的。当然，无论是"横向家访"还是"纵向家访"，班主任除了解决问题之外，还需要记录问题和反思问题。我们常说，好记性不如烂笔头。在无数次家访的历练中，班主任会发现自己从最初的惴惴不安到后来的谈吐自如、一针见血，从最初的无从下手到后来的招招见效，这些都是我们在无数次家访记录中不断揣摩出来的进步。每一位班主任手里都要有一本家访手册，可以针对一件事记录几个家庭的案例，也可以针对一个家庭记录几个事件的案例，除了纪实更要注重反思和总结，这样才能不断提高自己和家长建立"统一战线"的能力，也才能更好地助力学生全面发展。

（二）借"公共参与"平台，与社会建立"统一战线"

除了跟家长建立统一战线，我们还不能放过任何一次机会，跟学校、其他任课老师、社会建立"统一战线"。社会是一个大舞台，学生迟早要走向社会，从高中起，我们就要借助社会这个大的教育平台，充分利用各种教育契机，让学生明显感到自己就是国家的一员，是公共参与的主体，当看到某些社会现象不如人意时，不能人云亦云、一味抱怨，而是要静心思考，努力寻找办法解决问题，并通过正当途径提出自己的意见和建议，做一个理性的公共参与者。

如果说有什么更幸运的话，那就是笔者的任教学科，思想政治学科与我的班主任工作相得益彰、互相促进。思政课上有很多可供探讨的话题、有很多亟待解决的问题，作为班主任，笔者可以充分利用这些机会，借助"公共参与"平台，更为有效地与社会建立"统一战线"，让学生在参与社会公共事务的同时，既学会了知识，更提升了素养。

1. 让问题源于生活，引领学生带着生活走进知识

高中政治课涉及民主监督。笔者让学生以小组为单位，选取当今社会普遍关注的社会问题作为课堂探讨的重点议题。当时学校师生都在为世纪大道与港塘公路交口的道路安全问题怨声载道，有的学习小组经过商议就将这个问题作为议题，他们走出校园，实地考察，拍了很多照片，走访了相关单位，采访了附近的居民，并制作了 300 份调查问卷，再利用现代信息技术，给区长信箱发邮件，说明存在的问题并提出解决的建议。后来大家真的收到了区长的回信，同学们兴奋不已。更让大家想不到的是，三个月

后,区里真的为我们修筑了一条"学生绿色安全通道"。学生们用最简单但却最让人印象深刻的方式,将大家普遍关注的社会现象引入课堂,在解决问题的同时,大家能真真切切地感受到参与民主监督的价值所在,无论知识还是能力都得到了升华。

绿色安全通道修起来了,学生的学习任务似乎也完成了,但那仅限于显性知识本身的获得。美国著名教育家杜威认为,除了探究,知识本身毫无别的意义。它既是一个探究过程的终点,更是另一个探究过程的起点,始终有待再考察、再检验、再证实。若想挖掘蕴藏在它背后的奥秘,还需要在解决问题的过程当中催生出新的问题。

2. 让问题催生问题,引领学生带着知识走进生活

有人对中西方教育成功的衡量标准进行了比较:中国教育的成功之处贵在基础牢固,但劣势在于学生缺乏问题意识,教师唯书、学生唯师,学生年龄越大、年级越高、问题越少;西方在基础教育方面也在不断向中国学习,不过其可贵之处在于培养学生的问题意识,如果学生提出的问题教师回答不出来,这便是教育的成功。他们在培养孩子发现问题能力的同时也提高了孩子的创新意识,因为问题是无处不在的,而从教育的长远效果和人类整体文明进程上看,发现问题远比解决问题更重要,发现问题更能培养和激发学生的创新意识。如果说解决问题培养的是能力,那么发现问题开启的则是智慧,问题就像前进的旗帜,发现一个问题也就发现了一个研究的方向,也就有了突破的欲望和解决的创造性。如今,我们也在不断思考教育的变革,我们崇尚教育创新,就是为了培养能够适应不断发展的社会需要的全方位人才,而这样的人才正是

在不断地发现、解决、再发现问题中形成的;我们倡导对学生进行核心素养的培养,为的也就是补齐这方面的短板,能够让中国的下一代有发现意识,有参与意识,有主人翁精神,为此,我们还需要再更进一步。

比如,在前文所提到的课堂当中,学生将生活中的热点问题带到教材中来,更清楚地掌握了民主监督的几种方式,他们很高兴,笔者以此为契机,鼓励学生:"谁还能就这节课或者刚才提出的议题再提出一些新问题?""老师,咱们学校、身边的问题解决了,可是中国还有那么多关乎国计民生的大问题,这些问题仅靠我们的监督是不够的,如何构建一个完整的监督体系,让监督更为行之有效呢?"问题可以源于学生,问题可以催生问题。这位同学就将民主监督提到一个新的高度了。带着这个问题,我们专门用一节班会课,从公民意识、社会责任、甚至国际视野等多个角度进行了热烈的讨论。我们发现,只要班主任和老师有意识培养,学生就有能力在探究问题的过程当中向不同的方向延展知识与能力,完善过程与方法,提升情感、态度和价值观,可以将问题的触角伸得更深、更远、更具有放射性,我们对学生问题意识的培养、公共参与意识的培养还可以让活跃的课堂沉淀下来,让学生激动的情绪稳定下来,让参与的方法更为理性、更有高度。对于学生讨论后的成果,我们可以鼓励学生借助各种平台向相关部门进行合理、合法的表达,这样培养长大的孩子能够逐渐学会并热衷有序参与社会生活了。当然,我们还可以借助很多外部条件,通过外部条件发挥作用,促进内部条件从根本上变革学生的发展现状,促进学生全面、终身发展。

　　用联系的观点制订班级文化,帮助学生正确处理好长远目标与当前目标的关系,学生的目标意识、集体意识都能得到有效发挥;用联系的观点管理班级,分析、解决问题,班级各项事务越发有序、内部结构也渐趋优化;用联系的观点培养学生全面发展,利用学生的内部条件发挥内驱力作用,利用家庭、社会等外部条件进行必要的辅助,进而促进学生全面健康发展。

第二章　用发展的观点看问题

　　唯物辩证法主张用联系的观点看问题,反对把相互联系的事物孤立起来。同时,唯物辩证法也主张用发展的观点看问题,反对把事物看成静止的、永恒不变的状态。发展观是唯物辩证法的另一个总特征。唯物辩证法认为,无论是自然界、人类社会还是人的思维都是在不断地运动、变化和发展的,事物的发展具有普遍性和客观性。发展的实质就是事物的前进、上升,是新事物的产生和旧事物的灭亡,是新事物代替旧事物。因此,我们必须坚持发展的观点看问题,即发展观。

　　我们都知道要建立一个积极向上、团结和谐的班集体,我们都致力于培养学生的核心素养,但这只是大家的美好期待和教育目标,能否实现它们并不取决于蓝图画得多么美好,而是取决于如何在仰望星空的同时脚踏实地。因此,在班级管理当中,除了坚持用联系的观点看问题,我们还需要用发展的观点看问题,用发展的观点看待学生的成长与发展。作为班主任,我们要时时刻刻把班级和学生如实地看成一个变化发展的过程,要时时刻刻明确班级和学生在其发展过程中所处的阶段和地位,要坚持与时俱进,培养自己和学生的创新精神，促进新事物的成长，使自己的思想符合变化发展的客观实际。

自新冠肺炎疫情发生以来，学校、班级、教育等都发生了深刻变革，班集体由从前的线下变成线上，再变成线下线上相结合；同学由从前的课间嬉戏打闹、无话不谈到如今的隔空静默；老师由从前的耳提面命、日日监督到如今的"鞭长莫及"。当然，任何事物都有两面性，疫情恰恰是检验学生教育品质的大好契机，它能检验出学校、班主任是否培养了学生未来真正需要的素养。① 疫情倒逼着学校、教育变革，倒逼着班主任对班级管理方式进行自我变革，笔者拟从发展的实质、发展的状态、发展的趋势三个方面入手，探索如何用发展的眼光看问题，通过对班级管理的变革促进对学生发展的变革。

第一节　从发展的实质看待
班级管理模式的变革

唯物辩证法认为，发展的实质是新事物的产生、旧事物的灭亡，是新事物代替旧事物。我们经常会思考，什么是好的教育？很多人认为，能考出高分数的教育应该就是好的教育，一流院校提供的教育应该就是好的教育，每天耳提面命、唯分数和社会地位论英雄的班主任主张的教育应该就是好的教育。曾经很长一段时期，人们都把这些看成教育的目标，但这些看法并没有发现教育的真

----

① 李娜：《从"云班级"到线上线下融合的班级变革》，《教育理论与实践》2021 年第 17 期，第 19 页。

谛,确切地说,是忽视了教育这个词当中的"育"字。在笔者看来,好的教育不仅仅要看学生在学校的表现,更要看他们离开学校和家庭,离开班主任和家长的视线,能否如古人所说的那样,做到"慎独",能否依然做到自律,具有自主学习的能力,以更高的标准对自己严格要求。或者从更高层次来说,能否愿意从一而终地坚持自己心中的伟大理想,为自己的家乡、为这个社会、为整个国家、甚至全人类的生活更加美好而努力学习科学文化知识、提升各种技能,并在这个过程中能将个人的价值与社会价值相结合,体现出超强的价值感和责任感。简单来说,好的教育不仅仅是看分数的高低、学府的地位,更要看它是否培养了学生学会成长、学会学习、有自主学习的能力、为终身发展而逐渐完善起来的能力、智慧和必备的品格。我们借助教育的功能帮助学生找到了努力的支点,将知识内化于心,将信仰外化于行,由内而外地去实现自己和祖国的伟大理想。

近三年中,笔者所带的班级经历过高三、高一、高二和又一轮高三,看到无数个家庭、上千名学生的不同反应。我们发现,有自控力的学生,在电脑的另一端也能感受到他对知识的渴望;没有自控力的孩子,我们甚至可以听到他突然发出来的打游戏的声音。这也更加坚定了笔者对"好的教育"的理解,更加坚定了对班级管理进行变革的决心。

一、指向核心素养的班级管理模式代替指向高考的班级管理模式

传统的班级管理模式受传统教育理念的束缚,更偏重于指向

高考,多年的思维惯性让很多资深的班主任都无法从传统的桎梏中走出来,难以将核心素养的培养付诸实践。但受新冠肺炎疫情影响,线上线下相结合的教学特点决定了班级管理模式必然发生变革。那么,指向核心素养的班级管理模式有哪些特点呢?

(一)更加侧重育人,而非仅仅育智

为了加强管理,提高管理的效能,学校将管理部门分为德育处、教务处、体育处、卫生与健康管理处等。但是,每个学生的人格都不可割裂,我们育人不能像学校的各个部门那样将学生分成几个部分。育人应该至少包括育德、育智、育体、育美、育劳五个方面。新冠肺炎疫情中,学生的各种脆弱表现让很多班主任和家长开始反思,仅仅将目光聚焦在育德和育智方面是远远不够的,更是万万不能的。班主任应引导学生充分结合核心素养三大方面、六大素养、十八个基本要点制订班级目标,再通过适切的管理模式帮助学生一个个地接近或实现它们。如何制定班级目标,前文已经描述过,这里重点强调的是如何围绕育人的整体目标进行班级管理模式的创新。

结合新冠肺炎疫情线上线下相结合的教学特点,笔者提倡借助社会资源,开展班级活动。虽然班级的整体目标和学生的个人目标都是师生合力完成的,但在新冠肺炎疫情背景下,若想真正去实现它们,就得广泛、充分利用好各种社会资源。

当然,班主任一定要先行一步,像备课那样备好班级活动,精心设计好的、有明确指向的育人活动更能促进"五育"目标的实现。比如,核心素养中的第二方面——自主发展,包括学会学习、健康生活。学会学习主要是学生在学习意识形成、学习方式方法选择、学习进程评估调控等方面的综合表现,具体包括乐学善学、勤于反思、信息意识等基本要点。健康生活主要是学生在认识自我、发展身心、规划人生等方面的综合表现,具体包括珍爱生命、健全人格、自我管理等基本要点。线上线下相结合开展教学所带来的新问题迫切要求班主任重新解读这几个方面的素养,重新思考如何打破传统的、固有的管理思维,借助社会资源帮助学生提升素养。在教学活动正常开展时,同学之间可以称为同窗,因为他们同在一间教室,我们为了提高学生的分数,可以用各种励志的名言教育学生。学生不会学习,我们可以利用班会课让同学之间交流学习方法、交流为什么学习、怎么学习。我们为了让学生健康生活,可以利用大课间、体育课、心理课、美术课、音乐课、劳动实践课等各项课程,借助任课教师的授课魅力感染学生,让学生在自我认识、身心发展、人生规划等方面进行提升。疫情下的线上课堂,同学之间戏称为"同会",因为他们都在同一个腾讯会议室,用同一个会议号,隔着屏幕学习,彼此之间看不到对方的学习过程,老师自称"主播",在屏幕的一端展开线上课堂教学,而屏幕另一端的学生是否真的在听讲?有没有躺在床上打游戏、穿着家居服吃零食、坐在沙发上百无聊赖地追剧?这一切都不得而知。如果再一味教导学生苦读,还会有人乐于学习、善于学习吗?还会有人乐观地做好人生规划,即便孤独一人也能积极向上、健康生活吗?

为了培养学生的核心素养、真正实现"五育"目标,班主任需要设计好的、适合的班级活动,借助社会力量,从家庭、社区的维度提升孩子必备的能力和关键的品格。比如,对应"健康生活"这一素养的培养,笔者率先在班级倡导开展了亲子活动——"亲子同做一件事"。有的家庭选择了父子下棋,有的家庭选择了母子做饭,有的家庭每天晚上出去跑步。亲子活动能帮助营造和谐的家庭氛围,让父母与子女摆脱焦虑,让对方感觉到自己是被爱着的。除此以外,我们还可以借助社区的力量,从小区的维度帮助学生建立"学习小组"。根据学生提供的居住信息,将同在一个小区或者居住在附近的几个同学划分为一个学习小组,定期开展线下互助活动。有的家庭父母无法居家陪同孩子学习、照顾孩子吃饭,但是父母的学习能力强,有着丰富的经验;有的家庭妈妈全天居家料理家务、照顾孩子,但是在学习方法上不能给出很好的建议。在几方家长大力支持和认可的情况下进行小组互助,不仅让孩子有了学伴,也让家长感到安心。同时,还可以鼓励学生参加社区组织的活动,我们与社区联合起来,开展了擦玻璃、果蔬拼盘等比赛,让每个重新建立的学习小组派代表参加比赛,比赛后进行交流分享。

有了这些让人身心愉悦的活动,才能为学生乐学善学打下坚实的基础。以育人为目标创新班级管理模式,方能在新的时代背景下助力学生核心素养的提升。

(二)更加侧重互助,而非硬性管理

在原有的班级管理模式下,制订班级目标的同时,还会有配套的班规。班规在一般情况下对于班级管理很有助力。比如,面对学生迟到、自习课上说话、扰乱课堂秩序、乱丢垃圾等不良行为,如果教师经常严厉批评,学生和老师之间的距离就会拉大,而如果我们利用事先商定好的班规,让学生自动"领罚",就会免去不必要的冲突,也会更有利于学生的自我改正,因为班规中的加分减分都是以小组为单位的,一个独立的个体不会在乎积分,但若将之与其他人绑定为一体,他就不得不在意了。这种有效的班级管理模式屡试不爽,很多班主任都在使用。但是,线上教学使以小组为单位的班级管理模式不再具有那么大的冲击力,班主任必须重新调整,改变固有的班规管理模式,形成新的"互助管理模式"。

【案例1】

　　范同学刚刚开学的时候经常迟到,根据班规中的规定,每迟到一次扣小组一分,一个月下来,该小组成为六个小组的最后一名。他自己很过意不去,第二个月就有了很大改善,他没有再迟到,据说每天早上有三个闹钟叫他起床。新冠肺炎疫情突然来袭,大家不得不居家线上学习,虽然小组依然存在,但却"名存实亡",不仅是范同学,有几位原来不迟到的同学现在都开始迟到了。任课老师上课首先点名,总是差五六位同学没有上线。笔者对这几位同学的情况进行了摸底,发现他们都有着共同的特点——家长上班早,即便走之前把他们叫醒了,可没一会儿又睡了"回笼觉",一般最后都是被老师的电话叫醒的。他们还把笔者的电话戏称为"班主任的夺命连环CALL"。

　　针对这类情况,笔者在班级倡导展开互助管理模式:第一天早上,由班长给这五位同学打电话,没有在第一时间接电话的同学负责第二天其他同学的叫早服务。几天过后,这五位同学每天早早起床盯着电话,一响起来马上接通,生怕自己接晚了电话成为"接盘侠"。

【案例2】

　　杨同学是典型的"拖拉综合症患者"，作业或不交、或晚交、或交错，任课老师和课代表经常找笔者告状。班规中规定，作业没有按照规定时间上交的同学负责擦当天的黑板。杨同学很开心地接受了这项工作，还说自己是"板头儿"——和"班头儿"就差一个字。线上教学期间，任课老师向笔者反映，杨同学上交作业的频率越来越低，基本不上传，实在催得急了就上传一些莫名其妙的作品。除了杨同学，还有几位同学也时常不交或晚交作业。

　　针对这类情况，笔者先向这几位同学和家长了解情况，发现有的孩子是真的不会做，怕交上去了被老师笑话；有的孩子是没听，不知道要交什么作业，或者不知道作业怎么完成。鉴于此，笔者对症下药，还是运用互助管理模式：作业完成较为吃力的孩子，笔者跟他们所在的小组组长打好招呼，每天组长的作业完成后，抽出点时间进行"二人连线"，帮助作业困难生讲解不会的部分，完成后二人一起上传；上课精力不集中、不知道作业是什么的孩子，笔者让他做学习小组的作业负责人，他自然就得打起精神来；还有一些同学家长反映，孩子们完成作业经常靠手机软件查答案，笔者开展了"线上先生"活动，利用每天下午线上大自习的时间随机抽取几位同学对当天的作业进行讲解，这样他们就不敢抄答案应付了事了。

【案例3】

　　张同学不是很讲究个人卫生，班级卫生也做得不到位，他经常将自己喝过的饮料瓶、吃过的苹果核像投篮一样投到班级右前方的纸篓,又经常投不准,轮到他做卫生的时候,他还经常将本班的垃圾就近倒入卫生间,物业人员经常找笔者告状。线下教学时他经常被罚倒一周的垃圾,虽然他很不情愿,但至少还有所收敛。然而线上学习使得他的卫生情况更加糟糕,他的妈妈在外地上班,很担心他经常叫外卖、吃饭不卫生。对此,笔者对该同学进行了家访。

第一次去他家里,笔者简直吓了一跳,房间凌乱不说,还充斥着食物腐烂变质的味道。房间到处是垃圾,还有没吃完的水果,有的生了虫子,有的引来果蝇等。我拍了照片存到手机里,然后和他一起打扫卫生。他不愿意干活儿,但是碍于笔者在积极劳动,他也只能一起干。家里被收拾好之后,笔者帮他在家里喷了些花露水,又拍了一张干净整洁的照片。回家后,笔者把两张照片都发给他,并告诉他,下周的同一时间笔者还会上门家访,如果家里还是脏、乱、差,就还是一起打扫。但是令笔者惊讶的是,第二周再去却发现他家变了模样,既没有之前难闻的气味,也没有乱丢的杂物,卫生保持得特别好。张同学说自己每天都扫地擦地,生怕笔者再帮他做家务。当然,表扬之余,笔者并没有停止检查,和他约好接下来不定期抽查他的卫生情况,他也很高兴地接受了笔者的监督。看到他卫生情况处理得游刃有余,笔者又给他布置了新的任务:做一道简单的菜,从西红柿炒鸡蛋开始。起初,他很抵触,说自己学习压力很大,没时间做饭,笔者告诉他其实做饭仅需要半小时,并给他做了示范:先淘米,电饭锅开始工作的时候用淘米水洗菜、打鸡蛋。半小时后，米饭做好了，菜也做好了。张同学发现做饭好像没有那么难，只要合理安排时间，就会事半功倍。笔者借机鼓励他，学习也一样，安排好时间，而不是一味地低效学习，会收获到意想不到的效果。令笔者开心的是，第六次家访，他请笔者吃了他亲手做的西红柿炒鸡蛋，还有一盘凉拌黄瓜，笔者对他赞不绝口。吃完饭，他主动洗碗、收拾垃圾，家里一尘不染。

以上三个案例看似很小的事情，却是在帮助学生养成良好的学习和生活习惯。改变原有的班规管理，形成新的互助管理，可以是生生互助，也可以是师生互助，这样的管理模式更加人性化，也更符合变化发展的实际情况，让我们的教育更能助力核心素养的培养。

二、以学生为核心的班级管理模式代替以班主任为核心的班级管理模式

变革班级管理模式并不意味着原有的班级管理一无是处。新事物往往是从旧事物母体中走出来的，抛弃了旧事物中的消极、不适应成分，吸取了旧事物中合理、积极的因素，形成了自己新的特点。线上教学之前，以班主任为核心的班级管理模式有着诸多优点：管理效率高、学生参与度高，等等。但是线上线下相结合的教学模式，使班主任常常感到鞭长莫及，也常常后悔没有早一点培养学生自主发展的能力。因此，以学生为核心的班级管理模式应运而生。

（一）通过线上班级日志，不让一个人掉队

在笔者看来，以学生为核心的班级管理模式并不等于班主任可以作壁上观。班主任是宏观的引领，学生才是微观的主导。后疫情时代，班主任要激发学生自主发展的内驱力，让学生自主管理、自主学习、自主发展。学生自主管理模式很好地建立，充分利用前文提到的学习小组，以小组为单位开展互助学习、共同发展。但是全班同学都特别配合是很难做到的，总是有些孩子走得慢一些，总有些孩子在老师没照看到的某个角落自行生长。如何解决这个问题呢？就在笔者苦苦思索的时候，一部电视剧给了笔者很大启发。《能文能武李延年》是电视剧《功勋》的开篇，堪称先声夺人，赢得观众一致好评。除了好看的故事情节和激烈的战争场面之外，主人公那教科书般的管理方法也令人惊叹。主人公时常准备一个小本子，每次战斗结束，他都要将每个人的表现记录在本子里，根据个人表现参评几等功。这样一个小本子让他的队伍里每一位战士奋勇冲锋，不甘落后。这个小本子叫作"战斗日志"。如今，线上线下相结合的教学模式，使得班主任对很多事情有心无力，我们变革了班级管理模式，它是否有效，取决于如何运作，因此在以学生为核心的班级管理模式形成的同时，班级的"小本子"也翻开了第一页。线上教学的第一天，笔者就在班会课上向同学们展示了"小本子"，但它不是真正的纸质书本，而是在线同步编辑表格。笔者告诉孩子们，这是班级成立以来的首次线上课，以后可能还会有，不过无论是线上课还是线下课，为了让同学们更为自觉、共同进步，我们每天请一位同学作为主编辑，在线编辑表格，所有同学都可以在上面记录：如劳动课上发生的有趣的事、感人的事，语文课上某位同学的深度发言,数学课上某位同学巧妙的解题方法,音乐课上某位同学的精彩表演,等等。记录下每一个瞬间,若干年后再回头看,这就是我们的青葱岁月;记录下每一个瞬间,学期末进行总结时,这就是我们评优的有力见证。

通过一段时间的在线班级日志记录,同学们的学习和课上表现都有了很大进步,我仿佛找到了电视剧中李延年队伍的那种不怕牺牲、勇往直前的精气神。每个学生都在线记录了线上课堂的点点滴滴,每个学生的成长脚步都在被一点点记载下来。这种以学生为核心的班级管理模式并不会让同学们产生反感,相反,每个人都希望自己的行为和表现能得到大家的认可,如果因为走神被老师批评、被同学调侃记录在案,也是一件很丢人的事,谁都不希望这种事情发生在自己身上。这个方法让即便平日容易被忽视的孩子也赢得了大家的目光,每个人都在屏幕前接受着监督,也都在监督着别人。通过这种管理模式,一方面,帮助学生逐渐学会自主学习、自主发展;另一方面,有力监督了被遗忘在某个角落的孩子。

(二)通过班干部轮岗制,让每个学生都有出彩的机会

习近平同志在十二届全国人大一次会议的闭幕式上曾经说过,生活在我们伟大祖国和伟大时代的中国人民,共同享有人生出彩的机会,共同享有梦想成真的机会,共同享有同祖国和时代一起成长与进步的机会。笔者也用这句话来不断鼓励学生们。为了每个学生都有出彩的机会,从高中阶段就要不断树立学生们的自信心。以学生为核心的班级管理模式恰恰给孩子们的自主发展成功搭建了平台。

线下教学时,几乎每个班级都有三条干部链条,一是班长、学

委、体委、文委等班委,主要负责班级日常事务的管理;二是学委、课代表、小组长,主要负责班级作业收发、任课教师的指令传达、同学们课堂效果及问题反馈等学习方面的事务管理;三是团支书、组织委员、宣传委员,主要负责学校、班级党团活动的布置与开展。可当教学从线下转到线上,有些班干部找不到自己存在的价值,既不能很好地约束自己,更别说管理他人。所以,线上的"云班级"呼唤着新的班干部队伍建设。

班干部轮岗制不是笔者首先提出来的,但笔者很提倡这种做法,很多一线班主任已经开始了这方面的尝试。传统的一套班子固然有好处,班干部经验丰富,处理问题游刃有余,堪称老师的得力助手,如果采取轮岗制,很多新上任的班干部需要一段时间的适应期,更需要老师的指点。很少有人天生就适合做班干部,有的同学小时候被指定做了班长,逐渐才提高相应能力,可是一些暂时不适应、能力不够的学生不应该永远得不到锻炼的机会。我们应该给他们锻炼的机会,并给予必要的培训。

班干部轮岗制度既适用于线下教学,也适用于线上教学。班干部的职务都是根据班级目标设定的,而班级目标是根据核心素养目标设定的,我们不能因为教学从线下转到线上就架空了某个干部的职能,而是可以根据实际情况变通、转换、调整某个班干部的职能。轮岗制试行的第一个月份,笔者先找干部经验丰富的人来组成班委会,根据班级目标设定班干部的职能,干部履行职能一个月后,将他们形成的规章制度沿用下来,由各个小组"组阁",再由老干部对接新干部,形成"一带一"的干部培训,培训期和干部轮岗期都是一个月。这一个月中,新干部履行职能,老干部监督辅助和提醒,并记录存在的问题和解决对策。第二个月中,新干部变成老干部,再由新的小组接手班委会,每周开展干部交流会,根据本周的重点工作任务和常规工作任务分配职能、开展工作……

【案例1】

这个月教学又由线下转到了线上,新的班委会"组阁"完成,根据之前班委会的工作记录,线上教学期间,体育委员形同虚设,线上体育课基本上都是"放松课",同学们都不太重视锻炼。于是新一轮班委会专门开会研究了体育委员的新职能,先是肯定了线上学习期间体育运动的重要性,接下来大家各抒己见,对于如何促进全体同学在线上学习期间能够自主健身,大家提出在微信群里晒步数。于是体育委员有了新任务——每日记录同学们的步数,周末评选"健身达人"。

【案例2】

新上任的班长有些害羞,线上学习期间还好,他在群内发言基本都是以文字的形式进行,可线下上课没几天,他就找笔者说自己不想当班长了,因为不想在大家面前发言,尤其不想在同学们面前布置任务,他觉得自己难当大任。笔者叫来了上一任班长,即新任班长"传帮带"的老师。虽然上一任班长也是一个新手,不过他分享了一个很好的经验,是他的"老师"——我们的老班长告诉他的:在班级前面发言前,自己要组织好语言,如果没有把握就背下来,只有准备充分才能显得自信、不露出紧张的神色。于是,我们一起帮助新任班长把下午班会课要说的话写下来,又润色了一遍,好在他的记忆能力很强大,一会儿就背熟了,下午班会课上,他表现得很出色,大家都觉得他很有当班长的潜质。发言结束后,他赢得了同学们由衷的喝彩。

如果就这样单纯侧重"轮",那么班干部轮岗制也没有什么特别之处。笔者认为,轮岗制的精髓在于每个月底的群众监督、打分和评价机制。这一个月期间,无论是老干部还是新干部都有自己的独到之处,因为实际情况在变,干部的职能在变,班委会应对突发状况的处理办法也有很多不同。做得好不好不由自己说了算,而应该交给下一任即将"上台执政"的小组负责打分和评价,打分和评价依托的不是人情,而是管理的能力、应对突发事件的能力和处理的效果。下一任班委会在监督、打分和评价的过程中也会关注到自己应该注意的地方。实行轮岗的同时开展组际监督能更有效地促进轮岗制的有效开展,也能锻炼同学们管理能力和参与政治生活的能力。

我们都知道,新事物在产生之初力量都是很弱小的、不完善的,但是只要它符合客观规律,经过我们的不断完善和修复,一定能战胜旧事物。指向核心素养的班级管理模式被很多班主任认为是在"仰望星空",是"海市蜃楼",相比于指向高考的班级管理模式,它的支持率不高,但我们一定要坚信,核心素养是我们要培养学生的终极目标,指向高考的目标很难培养出全面发展的人。因此,我们要向着新的班级管理模式不断走尝试和探索的新路,助力学生全面、终身、健康发展。

第二节　从发展的状态看待
目标实现的过程与效果

唯物辩证法认为,世界上任何事物的变化和发展都是量变和质变的统一体。任何事物都是从量的积累到质的飞跃,又在新的质变基础上开始新的量变。比如,人生的教育总要由小学过渡到初中,再由初中过渡到高中,再到大学本科、硕士、博士等不同阶段,我们在每个阶段都在进行着量的积累,而由一个阶段过渡到另一个阶段都是在量的积累过程中形成的质的飞跃,开始新的阶段也就是在质变的基础上开始新的量的积累。

高中阶段的学生心智渐趋成熟,对未来的人生都有或长或短的人生规划。高中生在制订群体目标的同时,还要做好人生规划。每个新阶段的开启,我们都需要重新定位,设定新目标,并根据目标做好量化,坚持量的积累,方能促成阶段目标的实现。

一、做好人生规划,坚持量的积累

每个人都要做好人生规划,高中生更是需要强化自己的规划。但现实中不是每个人都有自觉性去做规划的,所以需要老师的督促。

(一)三次动员引导,为学生成长提供奋斗的支点

很少有人天生就能够给自己做好定位,从高一到高三,班主任都要对学生进行动员引导,为学生成长提供奋斗支点。

1. 高一新生入学,重新定位的引导

高一新生入学教育必不可少,重新定位更是不可或缺。笔者

经常对学生讲："原来在初中,同学们都很尊重你,那是因为你很优秀;而来到了这里,其他同学同样会尊重你,那是因为,他们都很优秀。所以,你可能突然发现,你不再是夜空中最闪亮的那颗星,于是就会产生心理落差。"如果不及时定位、设定新目标,有的同学甚至会因为课堂上没回答出问题、作业做不完、听课听不懂等事情胡思乱想,心理空虚,进而引发心理疾病。所以,不管大家在初中什么样,此刻什么心情,请大家进行自省三问:"未来我想成为一个什么样的人? 为了成为这样的人,高中阶段我需要积累哪些能力,获得哪些技能,收获哪些品格? 为了成为这样的人,我打算去哪个城市、考哪个大学、选哪个专业? 为了考上这个大学,我现在需要付出哪些努力,在哪些学科上下更多的工夫?"最后,还要将这些想法具体量化,形成一个每日作息时间表,每周计划回顾,每月总结反思。

接下来,就是同学们一起制订自己的长期规划和阶段性规划的时间。有的同学本不想做,但看到别人都在冥思苦想或奋笔疾书,也就被带动了。大家都把写好的长期规划交上来,笔者把它们像宝贝一样放到盒子里,盒子上面写着"梦想从这里启航"。笔者把盒子放到班级前方书柜上最显眼的位置,然后告诉同学们:"每当你上课走神了、打瞌睡了,就看看这个盒子,这里有你的梦想。"

中考时,每个孩子的梦想是考上心仪的高中,如果上了新高一,没有人引领他们重新定位,他们就会感到漫无目标,仿佛在茫茫大海中任意随行,很多没有及时制订规划的孩子都在高一浑浑噩噩地过了一年,等到高二想努力时,却发现自己很多东西根本捡不起来。新高一的重新定位能够让学生重新找到奋斗的意义和目标,无论做人还是做事都有了指向,努力有了方向才会更加持久。

2. 高二学期过渡,阶段目标的引导

高二学期开始的时候,有一部分同学已经适应了高中生活,觉得"高中不过如此,老师不过如此,他人不过如此",于是忘记了自己的初心,开始懈怠、贪玩、不写作业、打游戏、迟到,等等。所以,高二学期伊始,笔者都会做一次动员演讲:"同学们,你们有没有想过,曾经,坐在你这个位置的学长,此刻身在何处? 也许,就在你这个座位上,曾经有位学长考上了清华、走进了北大;也许,曾经坐在你这个位置的某位学姐虽然成绩平平,可从高二起,她突然醒悟了,每天与时间赛跑,甚至忘记了自己有几天没洗过头发。如今,她是某个律师事务所的金牌律师。同学们,你想成为下一个故事的主角吗? 那么,请你对着你的课桌悄悄地许下一个愿望,哪怕它看上去并不成熟。比如,'我要考上北京大学,将来到未名湖畔谈一场轰轰烈烈的恋爱',比如'我要考上清华大学,用实验室里顶尖的仪器设备做实验'……也许将来你会发现当初那个愿望早已实现,也许你在未名湖畔不光谈了一场恋爱,还成了一位诗人;也许你在清华大学不光接触到了顶尖的仪器,还用它研制出了世界顶级的材料。无论你心仪的大学在哪里,攀登起来有多难,请不要轻易否定自己,因为你并不孤单,你的背后有'雁阵五班'的全体师生、有爱你的家人,你绝对不是一个人在战斗。目标要远大一些,万一实现了呢?"

有的同学本来想喘口气、停停脚,但听到别人的努力奋斗后取得的成绩,他也会很羡慕,于是就会在高二努力学习、努力生活。

3. 高三学期冲刺,亲近梦想的引导

高三学期开始,笔者会对学生的行为进行再督促:"智者主动亲近梦想,傻瓜才会空守希望。把梦想写下来、交上去不等于成功。在想要和得到之间,还有一个看似很容易、实则很艰难的词——做到。尽管每位同学都做了计划,但是从概率的角度讲,学生之间一定会有差距,大家的智商都差不太多,关键是学习的能力和态度,所以老师希望同学们一定不忘初心,时刻记得将上高中交的第一份作业践行到三个 365 天里。"

每个阶段的学生呈现了不同的特点,班主任总要不时地提醒、督促、鼓励、鞭策。如今倡导培养学生的核心素养,但不代表学习就不重要了。高中生涯依然需要努力学习,通过高考考取理想的大学、实现自己的梦想是实现人生理想的捷径,所以三个阶段的动员引导一个都不能少,它能为学生成长和全面发展提供奋斗的支点。

(二)开展助力活动,鼓励学生坚持量的积累

除了三次动员引导,平日的督促、引导和鼓励更是必不可少的。我们以学生为核心,助力学生自主发展,班主任的所谓"无为而治"其实也是"无不为"。高中生毕竟还是孩子,学习又很辛苦,我们要采取一切办法、动用一切资源,时刻提醒孩子们要不忘初心,不忘理想,时刻引导孩子们用一个个阶段性的规划搭建平台去实现人生的长远规划,因此,量的积累是关键。笔者主张开展一系列的助力活动,以此鼓励学生坚持做好量的积累,为学生的德智体美劳全面发展、为学生核心素养的培养打好基础。

1.零违纪活动评比,培养学生良好的行为习惯

其实从小学到初中、高中,就是一个从他律到自律的变化过程。校有校规,年级有年级的规则,而班级也该有班规。若要让学

生乐于接受班规,首先要跟学生讲清楚:为什么制订班规、班规由谁来制订、班规怎么遵守、违反了班规怎么办。班规看似是对大家的束缚,其实也是对自己权利的一种保护。比如,自习课上不能想说话就说话,如果谁都可以说话,那么当你想学习的时候,就会觉得班级学习环境不好;比如,晨读不能想迟到就迟到,如果谁都可以随意进出教室,那么当你认真晨读的时候,就会被迟到的同学打乱学习的节奏。所以,其实每个人都需要班规。通过班规的约束,于个人而言,即便独处也能够谨慎不苟,达到慎独的境界;于班级而言,遵守了班规,班风才能正,学风才能浓。可是,有很多校规学生不太能理解,甚至有的同学认为班规剥夺了他留头发的权利、剥夺了他使用手机的权利……怎样才能令行禁止,且能把班主任从每日与学生的针锋相对中解脱出来?零违纪评比。有的老师乍一听,觉得这非常困难,零违纪怎么可能做到?可以的,先让学生根据校规制订明确可操作的班规,再辅以说明什么情况加分、什么情况减分、什么情况会导致直接取消评优资格……然后让每位同学签字,把每个个体放在一个小团队当中。不过,最好能把有个性的孩子分开,让他成不了"气候"。这样,当学生犯了错误,我们不会因为自己当天情绪的好坏而对学生产生不公平的处理态度。用制度约束人,更能让人心服口服。

当然,他律变自律不只是这些规则的遵守,更是时间上的自我管理。到了高中,学生会有很多自主学习的时间。这些时间抛给学生,其实很多孩子做不到高效利用。除了完成老师布置的显性作业,我们还要引导学生给自己量身定制一套预习、复习和深度学习的方案,这种自律主要表现为时间管理的自律。

2.引入"番茄工作法",培养学生良好的时间观念

"番茄工作法"是弗朗西斯科·西里洛于1992年创立的一种微观的、简单易行的时间管理方法,它的核心思想是集中精力完成工作,排除干扰,合理安排休息时间。一个"番茄时间"一般为25分钟,计时开始后需要全身心地投入工作中,25分钟结束后会进入5分钟的休息计时,每过四个"番茄时间"后,会有一次20分钟的长休息时间。通过工作和休息的交替循环进行,可以使工作、学习更有效率、更健康。

其实同学们的智商不相上下,但是他们的差距却越拉越大。仔细观察,便会发现那些学习能力强、工作能力也强的孩子特别会安排时间,相反,学习能力、工作能力稍弱的孩子在时间管理上或不够自觉、或不会合理安排。于是,笔者向同学们介绍了这种管理时间的有效方法:先把待办事项进行分类,分成重要且着急(如明天要交的作业),重要但不急(如对知识进行整理),不重要但着急(如取快递),不重要且不着急(如打游戏)。把大块的时间设定为几个25分钟,每四个25分钟一休息。当然,也可以根据内容的难易程度进行调整(比如需要做一套政治试卷,就可以设定一个1小时的"番茄钟";若要把今天学的关键知识背下来,可以设定一个30分钟的闹铃)。在这一过程中需要自我规定,在设定时间内不允许自己做任何事情,哪怕吃水果、喝水等都不可以做,精神要高度集中,一定要自我遵守。在笔者的倡导下,每个孩子桌上放着一个小闹钟,每当下午大自习课开始,笔者就提醒同学们根据自己的学习安排设定"番茄时钟",以此来自我督促,珍惜时间,合理、巧妙地运用时间。

3. 比"芯"行动的坚持开展，培养学生坚韧的学习精神

这个助力活动是笔者在一次培训过程中学习到的，笔者将这个活动引入我的班级，并坚持开展。每个学习小组准备一个纸筒，全组同学用过的无水笔芯都放到这个纸筒里，每个月评比一次，哪个小组的同学使用笔芯的数量最多，就可以给该小组加5分，这个分值是所用加分奖励中最多的，这是为了督促孩子们多多用笔、抓好基础，培养坚韧的学习精神。

比"芯"行动的核心在于：用笔芯，比用心。我们看到的是一个个被使用干净的笔芯，隐藏在背后的是同学们每天持之以恒地打牢学习基础，脚踏实地、一步一个脚印地完成阶段性的学习目标，同时也向着自己的梦想稳稳地走好每一步。

4. "每月一星"的定期评选，培养学生优秀的交往品质

通过这个活动使学生有教养、通事理。高中生一般情况下都可以做到知书达礼，可就怕情绪失控。比如，某同学特别想通关游戏，这时妈妈把手机抢下来，他脱口而出的是脏话；比如，某同学特别想睡觉，这时老师叫她起来回答问题，她不知所措，老师批评她，她却狠狠地摔课本、摔门而出，还觉得自己很潇洒、动作很帅气，而这些都反映了一个社会现象，那就是感恩意识的缺失。青春期，生理激素不平衡，烦躁易怒怎么办？跑圈、做运动、做家务最能缓解急躁的情绪，尤其是刷马桶、擦地、跑步、百米冲刺……这都能让情绪恢复平静，所以我们还可以选运动之星、家务能手，等等，总之，我们期待学生什么方面有进步，就可以开展什么之星的评比。

在这一过程中，我们还要不断地总结和表扬，比如笔者给学生写了一封信《谁是最可爱的人》：

在学校的每一天,我都被一些东西感动着。我思想感情的潮水在放纵奔流着,我想把一切都告诉给我亲爱的同学们。但我最急于告诉你们的,是我越来越深刻地感觉到谁是最可爱的人!

运动会上,你在主席台前昂首阔步、在赛场里挥洒汗水、在看台上呐喊助威,你就是最可爱的人。

朗诵比赛,你在幕后撰稿策划、在舞台激扬文字、在观众席感动到热泪盈眶,你就是最可爱的人。

零违纪活动评比,你为了小组荣誉,时刻严格要求自己;为了月考核冠军,不忘提醒他人;你在集合时第一个到达指定位置,你在早午晚自习主动学习读书,你进入会场时安静有序……你就是最可爱的人。

当然,还有我们可亲可敬的老师,午休和课间,为了给大家答疑解惑,为了对知识精益求精,师生聚在一处,钻研、辩论、甚至争执,只因我们的初心。你们都是最可爱的人。

赛程近半,如果你还记得当初的誓言,如果你还在不打折扣地执行着每天的学习计划,如果你为了完成计划而暂时把心爱的她默默守护在心底……那么,你就是最可爱的人。

2017 年 8 月 28 日,我们的时间轴才刚刚开始,那时的你一定信誓旦旦地对自己说,三年后的今天,你要坐在北京大学的教室。

2018 年 8 月 27 日,时间轴又悄悄向前挪移,也许你还坚定着自己的理想信念,也许你开始怀疑自己离目标是否有点遥远,也许你还没有清晰的奋斗目标。

今天，当你再次看到这个时间轴，你是否愿意继续守护着自己的初心，你是否愿意重拾信心，你是否愿意寻找自己的本心，问问自己还在犹豫什么，为什么还不努力……如果你愿意，你就是最可爱的人。

还有很多很多……同学们，你有没有发现身边的玩伴越来越少，课间在走廊嬉戏打闹的越来越少，自习课窃窃私语的越来越少，不交作业的越来越少。是的，已经有越来越多的同学们在高中阶段的时间轴上找到了自己的位置，明确了自己努力的方向，也开始了奋斗和拼搏的征程，这个最可爱的人可能就是你，还有你……

当然，不管我们做多少铺垫，中间有多少次敲打、鼓励，这对于大多数同学、大多数事情有效，但绝不是一劳永逸的，一定会出现新的问题。有问题不怕，越是有问题才越能督促班主任不断地破解学生成长的密码。教育本就是慢的艺术，我们在督促学生做好量的积累，我们自己又何尝不是在做量的积累呢？正是对一个个问题的观察、思考、给出对策、实践、再认识、再实践，才使得我们对学生全面发展有着更深刻的认识，正是对这些认识的不断积累，才能有丰富的工作经验，再用到学生中去，实现自我突破和飞跃。

二、完成阶段任务，促成质的飞跃

前文中，我们既做了班级的整体目标，又倡导学生做好个人的人生规划，从长期规划到阶段性目标在高一新学期就要搭建起来。在具体实施过程中，班主任需要让学生品尝到胜利的喜悦，也就是在量的积累到达一定程度的时候,开展一些小仪式,告诉孩子们,通过大家的努力,我们实现了质的飞跃。

受新冠肺炎疫情影响,教学从线下教学改成线下线上相结合的新模式。从古至今,没有哪个阶段能像今天这样如此强调自律。"自律"一词出自《左传·哀公十六年》,指在没有人现场监督的情况下,通过自己要求自己,变被动为主动,自觉地遵循法度,拿它来约束自己的一言一行。当然,自律也指不受外界约束和情感支配,据自己善良意志,按自己颁布的道德规律而行事的道德原则。

无论是老师还是家长都会发现,那些足够自律的孩子无论线上还是线下,都能认真学习、独立完成作业、定期复习总结,而那些不自律、靠老师耳提面命督促的孩子找到了教育链条中的薄弱环节,在屏幕的另一端,在我们看不见的地方做着与学习无关的事,很多原来还不错的生活、学习习惯都被散漫、无时间观念代替了。因此,由他律走向自律这件事绝对不能拖拉,不能等到高中生走出校园、走向社会,寄希望于大学或者社会的教导、督促。那么,如何引导学生从他律走向自律,实现质的飞跃呢?

(一)建设并完善班级文化,让他律走向自律在学生心中生根发芽

班级文化是一个班级的灵魂,是每个班级的价值符号。班级文化具有自我调节、自我约束的功能。班级文化可分为"显性文化"和"隐性文化",前者更侧重那些可以看得见、摸得着的环境文化,比如教室墙壁上的名言警句、英雄人物或世界名人的画像;校园长廊里展示学生书画艺术的优秀作品;悬挂在教室前面的班训、班风等醒目图案和标语,等等。"隐性文化"包括制度文化、观念文化和行为文化。制度文化包括各种班级规约,构成一个制度化的

法制文化环境;观念文化则是关于班级、学生、社会、人生、世界、价值的种种观念,这些观念潜移默化地影响着学生;因制度和观念等引发出来,从学生身上表现出来的言谈举止和精神面貌,则是行为文化。

要实现他律走向自律的飞跃,就得让这些班级文化从墙壁上、长廊里走出来,内化到学生的内心世界,再外化到学生的行为中去。前文中我们已经讲到,雁阵五班成立之初,就在师生的共同努力下,选取了雁阵作为学生心目中的"图腾",开始了"雁文化"的旅程。选取这个文化符号就意味着大家要齐心协力、各司其职。因此,制定班级目标、班规、班训和班干部责任制度的时候,都是在一步步地将"雁文化"内化到学生心中,让他感受到自己仿佛就是群雁中的一只头雁。之后我们又围绕"雁文化"开展的零违纪活动、实践番茄工作法、开展比"芯"行动、"每月之星"评比等都是在努力让班级文化落地生根,从而引导学生由他律走向自律,共同努力让雁阵飞得更高、更远。

有了班级文化,就有了目标,有了规范,有了行为习惯。学生们知道了同学之间相处不能用暴力解决问题;知道了与家长、老师签订好的协议就要遵守;知道了做错事情、为小组丢分抹黑就要接受惩罚,等等。同学们在这样平等、民主、自律的班级氛围中成长,既能学会尊重别人,更能学会尊重自己;既能学会诚信,更能学会自信,同学们都能自信又自觉地将自己的行为与班规对标,自我约束、自我成长,待到学期末综合素质评价时必然得分优秀,也就会变得更自信、更诚信。因此,学期末的综合素质评价就显得尤为重要,它是班主任向学生展示班级是否真正平等、付出是否真正有收获、下学期是否值得为小组、为班级、为自己而更加努力的最好见证。

(二)充分利用综合素质评价,让他律走向自律更有抓手

无论是量的积累还是质的飞跃,我们始终要明确的是,应该用发展的眼光看问题,用发展的眼光看待每个人,特别是要用发展的眼光看待一个高中学生。而综合素质评价的宗旨就是在用发展的眼光去观察、记录、分析和评价每一个高中生,以此来促进学生的综合素质由低到高、由不完善到完善的过程。但是,令一线教师、特别是班主任都深有感触的是,现阶段的综合素质评价并没有发挥它的应有价值。当前我国普通高中阶段学生综合素质评价仍面临诸多困境:评价目标的功利性较强;评价主体的负担性较高;评价参考的有效性较低;评价过程的公平性较弱;评价材料的科学性不足。[①] 目前,很多师生都将综合素质评价看成一个巨大的负担,每次填写的时候都需要先进行一个培训,都需要一整段的时间梳理学生的获奖、成长过程,都需要逐一上传。因此,笔者将综合素质评价列为由量的积累向质的飞跃的关键标尺。

我们在指导学生填写综合素质评价的时候,可以着重从以下几点出发:首先,填写综合素质评价不能搞临时突击,要求每个学生建立成长档案,每次自己获奖的时候将证书拍照,记录到成长档案中,避免填写综合素质评价的时候压力过大。其实大家都清楚综合素质评价的重要性,但是学业、工作生活等诸多烦琐之事使得很多师生无法静下心来耐心梳理,因此督促学生建立完善成长档

---

① 吴立宝、谷越峰、杜卿:《高中生综合素质评价的实施困境与突破路径》,《中小学教师培训》2022 年第 9 期,第 22 页。

案格外重要;其次,综合素质评价中的每个成长过程都要在小组竞争中有所体现。小组竞争机制可以有效提高学生提升自身发展的积极性和主动性,学生往往是关心集体荣誉胜于关心自己。举例来说,如果迟到仅仅扣个人的分数,习惯性迟到的同学往往不会在意,但是如果扣的是小组的分数,学生往往会感到愧疚,从而在小组的监督之下逐渐做到按时到校。因此,班主任在指导学生填写综合素质评价之前要做到"胸有成竹",根据综合素质评价的各方面要求对班级的小组竞争机制提出建议,对相应的维度设置加分减分项目;最后,对学期末综合素质评价的优良及格进行细化,评出自律优秀小组和自律优秀个人。

当量的积累达到一定程度时,要不失时机地促成飞跃,高中生虽然几近成年,但是也希望自己的进步得到认可和鼓励。一个学期中,总会有一部分同学通过集体和个人努力有大幅度进步,我们要认可这部分人,并且一定要有仪式感。每个学期末,我们都要搞一个结业仪式,除了学业方面的总结,笔者还额外设置了一个综合素质评价的总结,对优秀的小组和优秀的个人设置奖励基金,同时,对相比上学期有进步的同学单独设置进步奖。

通过建设完善班级文化,让他律走向自律在学生心中生根发芽;通过充分利用综合素质评价,让他律走向自律更有抓手。学生比老师更加期待自己的进步,但是有时会因为没有明显进步或者进步没有得到认可而放弃继续努力,所以我们需要给学生一个获得认可的机会,助力学生实现由他律走向自律的飞跃。

事物的发展总是从量变开始的,量变是质变的前提和必要准备,质变是量变的必然结果。质变又为新的量变开辟道路,使事物在新的质变的基础上开始新的量变。事物发展就是这样从量变到质变，又在新的质变的基础上开始新的量变，如此循环往复、不断前进。因此，我们在日常的班级管理和促进学生发展过程中，既要引导学生注重量的积累，又要鼓励学生不失时机促成质的飞跃。每个学期末就是量变向质变飞跃的最佳契机，让学生感到自己的进步并有自信再下学期制订更高的计划，是我们永远的努力方向。

第三节 从发展的趋势看待 高中三年的美好时光

唯物辩证法认为，事物发展是前进性和曲折性的统一，事物发展的方向是前进的、上升的，道路是曲折的、迂回的，所以我们要坚持事物的发展前进性和曲折性的统一，既要看到学生发展的前途是光明的，要对未来充满信心，热情支持和悉心保护新事物的成长；又要做好充分的思想准备，不断克服前进道路上的各种困难，勇敢地接受挫折与考验。每个学生在成长的道路上都会遇到许多相同和不同的问题，班主任就是要和学生一起努力，当学生自卑的时候，我们要给他鼓劲儿，告诉他未来可期，只要努力就一定会有变化；当学生盲目自信、因一点点进步就开始过度自信甚至自大时，我们要提醒他可能会遇到这样那样的问题；当他遇到坎坷、不敢尝试、不敢再努力时，我们要及时地施以援手，帮助他一起共渡难关。

一、前途是光明的，要不断提升学生自信

高中阶段是人生成长的关键时期，一个人获得终身发展的很

多必备品格和关键能力都是在这个阶段形成的。然而很不巧的是,这个阶段恰逢高中学生的青春期、学生妈妈的更年期,双方碰到一起就会引发各种矛盾。比如,生命拔节时期,孩子常常会觉得脆弱、孤独,需要长辈尤其是妈妈的倾听、理解和疏导,可是妈妈在孩子上高中的时期到了更年期,或因心理素质不好时常导致焦虑、担心孩子的未来,对孩子的成长也是患得患失。如果一个敏感的孩子碰巧遇上一个内心不够强大的妈妈,那么这个家庭就会终日笼罩在高考的阴影里无法解脱。我们要引导孩子和家长用发展的眼光看问题,鼓励孩子向前看,人生还很长,除了高考还有很多重要的事情要做,应该放眼整个人生,而非局限于高考,高考只是人生长远规划中近三年要实现的一个目标而已;我们要鼓励孩子无论现在的状态如何,只要把握当下、树立坚定信念,重拾那份自信,就一定能实现心中的目标。当然,不是这几句话就能轻松解决这个关键的阶段中所有的问题的。

(一)调整心态,发现自己的优点

高中生在高中阶段出现悲观、沮丧的心态多半是高考压力导致的。笔者曾在班里做过问卷调查,学生每日的负面情绪来自学业、高考、父母对高考期望值的压力等方面的占全班的三分之二,还有三分之一的同学认为,负面情绪是由亲子矛盾、同学关系、师生关系处理不恰当带来的。而当笔者找这部分同学谈心的时候发现,所谓的亲子矛盾无外乎是父母不想让孩子每天刷手机、打游戏,希望孩子能将更多的时间用在学习上;师生关系矛盾多半也是因为教师希望孩子能够将更多的精力放在学习上,作业做得再精细些……所以,对高中生的心理调试点放在了"如何看待高考"这个问题上。就这个问题,我们开展了一次主题班会——直面高考。

对一件事情充满恐惧,与其逃避,不如直接面对。班会课开始的第一个环节——"大家看高考",笔者先让同学们畅所欲言,如何看待高考,每个学生心中都有不同的答案。有的同学认为,高考太过神秘、太过恐怖;有的同学认为,高考是一座火焰山,过去是死、后退是亡;有的同学认为,高考像一个黑洞,永远都没有止境……听到这些答案,感到震惊的同时笔者也暗自庆幸,庆幸及时发现了问题并摆在大家面前,大家一起面对它。同学们发言后,班会课进入第二个环节——"学长看高考"。我们现场连线了往届毕业生,这些"神秘嘉宾"的出场让孩子们兴奋不已,他们也很想听听"前辈"们如何看待高考,如何应对高考。一位北京大学本科在读的学姐分享了她的奋斗经历:高一时的她适应能力极差,各科都听不懂,尤其是英语,老师全英文授课,她就像听天书一样。但是向来不服输的她并没有被打倒,她每天上课时努力将老师的板书记下来,并在没有听懂的地方记上标记,下课后马上去问老师课堂上这里讲的是什么意思,渐渐地,老师的习惯用语她能听明白了,单词、短语、长句子她都记得清清楚楚,平时的小默写她永远是零失误。英语成绩的提高给了她莫大的鼓舞,在钉子精神的指引下,她不断攻城略地,逐渐将各科成绩由 D 提升到 C、由 B 提升到 A,但是她始终也不敢想象自己能考上像北京大学、清华大学这样的高等学府,直到高三开学初,当她看到上届考入北京大学的学长站在讲台上告诉大家,"只要努力,你也可以上北大",她便开始下定决心,制订了考北京大学的目标。讲到这里,有个胆小的女生一改往常内敛的性格,直接问她:"你定了那么高的目标,不怕实现不了吗?"学姐笑了笑："怕什么，考不上北京大学不丢人，而且定了这个目标，你就会付出比别人多几倍的努力，即便上不了北京大学，还可以上其他高等学府，总比什么都不做强吧……"

与几位学长学姐连线后，同学们的眼睛里多了份坚定，少了些犹豫。笔者便开始了第三个环节——"班主任看高考"。笔者告诉同学们，在笔者眼里，高考就是一只"纸老虎"，我们应该像毛主席说的那样，在战略上藐视它，在战术上重视它。所谓在战略上藐视它，意思是说我们的人生有很多事情要做，而高考只是人生中一件很重要的事，同学们应该放眼整个人生，而非局限于高考；在战术上重视它，意思是说高考很重要，在高中阶段，它值得我们奋力拼搏，但不能使用蛮力，不要在乎一城一池的得失，应讲究方法策略。当然，高考是一场持久战，如何在这三年当中，调整好积极的心态，积极面对高考呢？班会课进入第四个环节——"大家一起来出招"。最后，全班一致认为，还是要沿袭"雁阵五班"的班级文化，我们是一个整体，就该互相鼓励和赞美，班级日志上，每天负责记录的值日班长都要在日志上记录当天表现好的同学和令人感动的瞬间，让同学们感到自己是被关注、被在乎的。

（二）制定目标，体会成功的喜悦

当然，只有赞美是远远不够的，除了同学们互相鼓励，自信更多的来自一次次小目标实现带来的成就感。小目标的制订可以由远及近地进行，比如，三年的高考需要健康的身体，因此我们可以制订健身的目标，本周小目标可以定为每天跳绳一千次；比如，三年的高考需要家庭和谐，而妈妈每天特别焦虑，因此我们可以制订亲子关系和谐的小目标，本周小目标可以制订为一周不和妈妈吵架,只要妈妈开始发牢骚,就马上用实际行动缓解妈妈的焦虑;比如,三年的高考需要循序渐进地提升,而自己期待的高等学府离自己的现实水平相去甚远,因此我们可以制订挑战自己的小目标,本周小目标可以制订为作业独立完成,不搜"作业帮"应用程序、不和同学商量,遇到问题自己实在想不清楚就和老师商量,解决问题的同时争取发现自己还有哪些知识点的漏洞,做到举一反三。不论目标多么渺小,只要目标达成了,就是英雄,就可以在班级日志中登上"个人英雄榜",记录自己这一周努力的心得,同学们互相学习、互相点赞。

当一周的小目标达成了,同学们就可以获得成功的喜悦,自信心自然就树立起来了,那么,他就会有勇气制定更高的小目标;如果每周的小目标都达成了,他的高考之路上就会少了一个拦路虎,即便高考不见得每个人都成功,但是高中三年的好习惯一定会让他受益一生,若干年后,孩子们会记得自己当年备战高考时,经常给自己树立一个一个的小目标,每个目标实现了就扬着自信的笑脸去迎接下一个挑战,这将是他一生的宝贵财富。

(三)放过自己,放眼整个人生

我们不得不承认,在学习能力方面,确实存在个人差异。如果有的孩子无论怎么努力,还是达不到设定的目标,我们就要开导她学会放过自己,因为人生不止高考一件事。

【案例】

静同学是一个学习刻苦的好孩子,课堂上认真听讲,下课几乎都在自己的位置学习,不过任课老师反映她问的问题总是在关键点的外围，对此我们也想了很多办法来改变她的思维方式，但是收效都不大。静同学变得越来越不开心，她不开心的时候就会画画，笔者也试着从这方面为她寻找自信。她代表班级参加校园文化艺术节比赛，经常为班争光，但是她依然不快乐，因为她觉得这并不会让高考的成绩变好，她也没法实现自己的大学梦。笔者问她为什么要考大学，结果发现其实她也不清楚为什么一定要考大学，只是看别人都在努力考大学，觉得自己也该努力。笔者又问了问她将来想做什么，结果发现她也不清楚，想了很多次都没想好自己将来要去哪里、做什么，总是想不出答案索性就不想了。笔者突然想到了她的特长，便问她如果选择美术专业，将来做个美术老师或插画师是否愿意，她忽然抬头望着我："老师，我可以吗？"笔者至今都记得她的眼神，充满了希望、恐惧和不确定。于是，笔者带着她去咨询了美术老师，美术老师很欣赏她的作品，建议她走艺术类高考，她回家征求了父母的同意，又上网查找了一些美术院校的资料，后来在大家的帮助和自己的努力下，考取了中央美术学院。

又是一年高考时，我让静同学为新一届高三学子做高考经验交流。她的题目是"放过自己，成就另一番人生"。镜头里的她美丽又自信，再也不是当年那个徘徊迷茫的小女孩，她告诉学弟学妹们一定要早早给自己的人生做好规划，也可以大胆地做出和别人不一样的选择，人生的道路很长很艰难，如果不是自己想走的、不是适合自己的，很难坚持下去，即便坚持下去也会迷失自己。她向大家描述了自己高中阶段有很长一段时间都是为了高考而高考,为了学习而学习,后来在老师和家长的帮助下及时调整了自己的心态,做出了正确的人生道路选择,再加上自己持之以恒的韧劲和不服输的精神,才有了今天自信的自己。新的高三学子深深被她的故事打动了,也有一些像她一样没有想清楚的孩子也都及时对自己的人生做了规划。

每个孩子都有自己的闪光点,都有适合自己的发展平台和发展路径,我们要鼓励孩子们相信自己,用发展的眼光正确分析和评价自己,既不盲目自大、也不过分自卑。总之,前途是光明的,要对自己充满信心。

二、道路是曲折的,要时刻准备心理护航

任何事物都有自身的发展趋势,都是前进性和曲折性的统一。我们既要看到前途是光明的,要对未来充满信心;又要看到道路是曲折的,要时刻准备走曲折的路。高中三年是学生心理和生理由稚嫩走向成熟的关键阶段,而生命拔节的过程总会有前进、有波折、甚至有倒退。每当学生走入低谷,班主任要做的就是时刻准备心理护航。

(一)巧借生命教育,促进学生身心健康

生命教育应该是基于生死教育又超乎生死教育的一门课程,通过此课程的学习,学生可以发现生命中有这么多美好的事情,应该更加热爱自己的生命;应该知道如何让自己的生命变得更有价值、更有意义,应更加热爱生活,激发起其学习的兴趣,找寻到自我

的人生价值,更加懂得珍惜自己的亲人和周围的人。① 笔者很认同这个观点,也对这个观点深有感触。如今国家安排的各项课程本应该都包涵了生命教育,可学科课程获得的分数与学生对生命的珍惜和理解程度却不成正比,甚至有的孩子明明学习成绩名列前茅,可却厌恶学习、厌恶师长的教导、厌恶周围的一切,最后用极端的方法结束自己的生命,这样的案例屡见不鲜,不得不引起我们一线教师、特别是班主任的认真思考。每一个鲜活的生命都是多姿多彩的,无论学习好坏、行为习惯好坏,我们都希望他们能健康快乐地成长,但是现实总是事与愿违,因此生命教育迫在眉睫。

笔者一直在思考,为什么我们的生命教育没有激发起一些同学对学习的兴趣,没有让一些孩子真正发现生命中还有那么多美好的事情,没有引导那些轻生的孩子去珍爱自己的生命?目前的生命教育大都存在"从知识到知识、从道理到道理"的现象。目前很多高中学科教学都涉及生命教育,比如,生物是对生命进行探索的一门高深学科,一位生物老师曾经说过,人必须要学习生物,才能对自己有更深刻的了解。生物课堂包含了大量的生命教育素材,当然,生物学研究的是生命的规律,而要想对生命的价值有更深刻的理解,却又少不得语文、历史、政治等学科。可见,每个学科各自为政地进行生命教育的现状必须被打破,而在各个学科直接建立桥梁和纽带对于班主任来说是责无旁贷的,我们应打破知识边界和束缚,尽量避免学生对从知识角度谈生命的反感。

在笔者看来,与其恐惧、好奇、遮遮掩掩,不如直接面对。很多

---

① 耿玉涵、王永胜:《中国台湾地区高中生命教育课程内容例析及启示》,《现代中小学教育》2021 年第 07 期,第 28 页。

班主任在谈及生命教育的时候都尽量避免让学生知道血淋淋的案例,希望走"呵护路线""保守路线",但是我们遮掩不代表孩子们就没有渠道了解,我们呵护不代表孩子们就永远被保护在温室里,我们应该让孩子们直接面对且深有体会。

有一次,某校发生"跳楼事件"的消息传来,孩子们课间都在悄悄议论,甚至以讹传讹。考虑再三,笔者利用一节班会课专门和孩子们讨论一下这件事。

第一环节:还原事件真相。笔者将这个"跳楼事件"原原本本跟同学们交代清楚,告诉大家不要捕风捉影。

第二环节:谈谈对事件的看法。笔者请同学们来谈谈对这件事的看法。起初教室很安静,过了一会儿,姚同学站起来问我:"老师,是什么想法都可以说吗?"笔者说:"当然。""我很佩服他,他有勇气从那么高的地方跳下去,有些人想结束生命,可也只是说说而已,可他能把话语变成现实,我觉得他是一个能说到做到的人!"有了姚同学的发言做开头,教室不再冷场了:"老师,我觉得姚同学说得特别对,这个跳楼的同学太酷了。"两位同学都对这种行为表示赞同甚至钦佩,这一定不是我们想看到的。原本笔者打算等大家都谈完后再进行总结,可面对这样的危机,必须改变一下风向:"孩子们,假如现在跳楼的这个同学就是咱们班的一员,假如你都和他约好了毕业后一起去爬山、高考报名考同一个大学、将来去同一座城市打拼,你还同样觉得他很酷吗? 还觉得他跳下去是言出必行吗?"李同学说:"老师,我觉得他跳楼可能有点太冲动了,虽然他的父母不理解他,但他也不至于舍弃生命啊,不理解就慢慢理解,人生那么长,还有那么多可以做的事情,如果生命都不想要了,为啥还那么想要理解呢?""老师,我同意李同学的看法,有那么多人在生死边缘尚在努力挣扎、与疾病做斗争,与其说他跳楼是有勇气,倒不如说他怯懦,与其说她是因为父母不理解,倒不如说是他害怕自己即将要面对的世界。"很多同学都为她鼓掌。

第三环节:如何脱离窘迫。笔者继续开导大家:"孩子们,我们不是他,我们并不知道他都经历了什么,很有可能他经历的事情我们未来会经历,很有可能我们还会目睹身边的人有这样的经历,假如有人有轻生的想法,身边的朋友能帮助他走出来,是不是就是另一番人生的开始? 下面请大家来谈谈如何帮助别人、帮助自己脱离窘迫。"同学们都谈了自己的想法,有的同学建议班级能定期开展"真心话大冒险"活动,将心事说出来,大家一起帮忙解决;有的同学建议将自己的心事写出来,以匿名的形式放到班级的漂流瓶当中,谁看到了谁就在上面写一些开导的话,等等。同学们都很感动,觉得有很多办法可以解决困难,困难终将过去,只要我们敞开心扉、互相帮助,就能不断克服阻力,快乐前行。

最后,笔者告诉同学们:"我们在世界上总会遇到一些好人和好事,也总会遇到一些坏人和坏事;总会听到一些暖心的话,看到一些善意的笑,也会听到一些刻薄的话,看到一些鄙夷的目光。大家一定要记住,生活不可能一帆风顺,当你顺遂快乐的时候,别忘了把你的幸福和别人一起分享,当你遇到挫折、感到迷茫的时候,更应该学会求助、学会自我开导,而不是自己面对困境、沉浸其中无法自拔。"课堂尾声,笔者提倡每个同学都给那位未曾谋面的同学写一封信,将自己的心里话告诉他,无论我们是恐惧、是心疼、是伤心,这件事都将过去,让我们将这件事放在内心深处的一块墓地里,怀揣着亲人、朋友、师长的情谊,怀揣着对美好世界的向往,一起勇敢向前。

生命教育是高中生涯中不可回避的话题,如果教育刻板、照本宣科、道理连篇,处于容易逆反的年龄段的孩子们很容易反其道而行之。通过聊天的形式把生命教育呈现在大家的面前,反而能引导学生正确面对,在同学交流过程中找到生命的价值,互相助力,共同促进大家的身心健康发展。

(二)引导男女交往,促进学生自我精进

男女交往问题经常被回避,很多班主任认为在高中阶段应淡化这个话题,孩子们从生理年龄上讲已经到了互相吸引、欣赏的年纪,如果班主任强调不许早恋、不许男女生交往过密,那么有的孩子反而想要尝试。在笔者看来,男女交往不该"谈虎色变",正常的男女交往有利于促进学生共同发展,男生和女生的思维方式具有互补性,一个小组里的男女生比例适当更能促进小组任务的出色完成。但是,任何事物都具有两面性,班主任之所以不希望男女生交往过密,就是担心孩子们在懵懂的年纪犯下不该犯的错误、在不成熟的年纪有了不该有的心思,以至于耽误了学业。治水宜疏不宜堵,治理班级亦是如此。学生到了青春期,对异性产生好感很正常,倘若不讲究方法、搞一刀切,甚至排座位都将男女生分开,反而会激发学生的逆反心理,引导男女生交往还是要让学生真正理解高中阶段男女生交往的尺度。

一般来说,高中阶段开学不用多久,同学们就会逐渐熟悉起来,恋爱的萌芽多半在这个阶段会冒出来,通过一节班会课或者几次说教是无法解决这个问题的,所以笔者决定开展系列化班会,用几次班会课将男女交往的面纱逐渐掀开。于是,"世界那么大,我想去看看""世界那么大,我和谁去看看""世界那么大,我凭什么去看看"系列化班会应运而生。

第一个班会"世界那么大,我想去看看"的灵感源自一位老师的辞职信,笔者请同学们跟大家分享自己曾经去过的、或者将来特别想去的地方,从地理、人文、美食、风俗等多个角度为大家介绍向往的远方,最后鼓励同学们,视野要开阔,格局要打开,不要纠结于每天和同桌、家长发生的小矛盾,因为世界远比我们想象的大很多。

第二个班会"世界那么大,我和谁去看看"逐渐揭开面纱,笔者没有直白地告诉学生不允许男女生交往,而是引导学生试着去畅想一下,未来的生活当中,那么多美景、美食,我们愿意和谁去分享,引导学生明白,除了爱情还有很多值得珍惜的情感,如亲情、友情等。笔者建议同学们一起去看看,未来世界的我们一定要有合作意识和团队意识,无论将来走到哪里,学生时代同学之间的友谊永远是最纯真的。比如,正是因为同桌说,他的梦想是学材料专业,将来让自己研究的特殊材料能带着人类登上太空,才使得我们看清自己的视野有多么狭隘,于是大家一起努力学习,一起谈理想,一起做规划,畅想如何改变这个世界。

当然,班主任的班会教案应该预设到同学们会谈及另一半,对此我们应该给予肯定,但是要合理引导。比如,我们可以询问:"你未来的另一半可能是什么样的?你期待的另一半必须具备哪些品质?"这节班会课的主要环节就是描述自己未来的另一半,在同学们描述的过程中,班主任也要给予引导。比如,一位同学说自己要找一个特别有钱的人,不然没法陪她去看普罗旺斯的花海,没法去意大利感受时尚前沿的震撼。大家都很钦佩她敢于说真话,我们继续聊天:"那么有钱又优秀的男孩子,你准备怎么让他对你产生好感?"她被笔者的问题问住了。"也是,比我漂亮的人有的是,我怎么能脱颖而出呢?"班会的尾声,笔者设置了一个问题:"我们都希望和优秀的人去看世界,去享受幸福的生活,可怎么才能实现我们的梦想呢?"

第三个班会"世界那么大,我凭什么去看看"才是这个系列化班会的关键所在。"同学们,上一次班会课,老师留下一个问题,我们都希望和优秀的人去看看这个世界,但是优秀的人是否愿意和我们同去呢?我们怎么实现自己美好的愿望,和喜欢的人一起奔赴未来呢?"其实这个班会主要讨论的内容就是如何让自己变得更加优秀。很多学生学习没有动力,觉得自己的现状已经很不错了,但很多家庭条件良好的学生也有极强的竞争意识,而且为人低调和谨慎。相反,很多家庭条件一般的孩子却越来越像大家心目中的"富二代"。当大家一起竞争的时候,我们的优势在哪里呢?如果现在努力学习,将来可以有自主选择工作的权利,可以有自主选择休假和陪家人的权利。世界那么大,我们得有实力看,得有时间看,而且还得知道怎么看。

通过大家的聊天,孩子们逐渐理清思路:首先,世界很大,美好的事物有很多,我们一定要多去欣赏;其次,世界那么大,去哪里不重要,关键是与谁同行才能有幸福感,一定是自己喜欢的、喜欢自己的、优秀的人;再次,我们要通过怎样的努力才能与这些人并肩前行;最后,大家得出结论,做更好的自己,遇见更好的他(她)。

高中阶段培养学生正确的择偶观是很重要的,这也是培养学生三观中的重要一环,不劳而获是不可取的,我们要通过对男女交往的正确引导,促进学生实现自我精进,让高中阶段的三观培养成为学生一生的宝贵财富,这也是我们一线班主任最期待的。

　　任何事物都是变化发展的,高中生更是如此,在我们对高中生各方面的培养过程中,一定不能忘记用发展的观点看问题,既要注重量的积累,更要帮助孩子把握时机,促成质的飞跃;既要看到前途是光明的,培养孩子强大的内心,更要关注过程,因为道路是曲折的,每个孩子成长的路上都会遇到这样那样的坎坷,我们需要帮助孩子一个一个地走过,持之以恒地向着理想迈进。当然,我们还要时刻注意"度"的把握,所谓过犹不及,对学生的引导、教育也要把握尺度,不能打着"一切为了学生"的旗号却做着打击学生自信心的事、说着伤害学生自尊心的话,坚持适度原则是用发展观点看问题、解决问题过程中必备的良药。

第三章　用矛盾的观点看问题

　　唯物辩证法认为,联系的根本内容是矛盾双方之间的联系;发展的源泉和动力是事物内部矛盾双方的统一和斗争。正是矛盾着的双方相互联系和相互作用,构成了事物的运动,引起了事物的变化,才推动着事物的发展。所以,唯物辩证法主张用联系、发展、矛盾的眼光看待一切事物,认为一切事物的运动、发展、矛盾都是永恒的。矛盾存在于一切事物的发展过程中,每一事物的发展过程中都存在着自始至终的矛盾运动,矛盾具有普遍性,即共性,矛盾无处不在,无时不有,但同时,"世界上没有两片完全相同的叶子",这就是在强调矛盾的特殊性,即个性。所以,矛盾是共性与个性的统一体。

　　在日常的班级管理中,高中生的共性问题有很多,而每一位同学因性格特征差异也存在个性问题。作为班主任,我们既要寻找解决共性问题的策略,又要探寻解决个性问题的方法,做到"一把钥匙开一把锁头"。

第一节 以"系列化班会"为依托，
探寻解决共性问题的策略

矛盾是普遍存在的，高中阶段的学生在成长过程中会遇到许多类似的问题，如三观的培养问题、爱国主义教育问题、学习问题、人际交往问题、亲子关系问题，等等。由于生理年龄和心理年龄渐趋成熟，生命拔节过程中难免会出现一些共性问题，如何解决这些普遍存在的问题，每一位班主任都有自己的妙招，笔者主张以"系列化班会"为依托，探寻解决共性问题的策略。

班会课是对学生进行思想道德教育的重要载体。有针对性地上好班会课可以帮助学生树立正确的理想信念，解决高中阶段学生学习目标意识不强等共性问题。为此，笔者变零敲碎打式的说教式班会课为体系化建构式班会课，通过"系列化班会"设计，持续发挥班会课的思想育人功效。系列化班会的想法源自丁如许老师的课题"让班级活动成为闪光的珍珠链"。丁如许老师是江苏省特级教师，他的著作《魅力班会课》打开了笔者开展系列化班会课的大门。丁如许老师曾在文章中写道："没有活动，就没有德育，德育要靠活动，没有精彩活动的校园生活，就没有学生终生难忘的亮点，能引发学生兴趣的班会课是最具有魅力的德育。"在他的班里，活动都能够形成链条，由浅入深、由低到高、由易到难。笔者从中深受启发，也尝试着做了关于爱国主义教育的系列化班会。

一、形式新颖，读"来信"坚定信念

不同时期的中国共产党人为国家主权独立、民族振兴付出了许多,如果持续不断地灌输,学生很难觉得感动。中央电视台播出的人文艺术类节目《信·中国》为爱国主义教育提供了好素材、好形式。当然,班会课时间有限,我们不可能把所有的好信件都拿到课堂上来读,因此笔者按照"革命时期、建设时期、改革开放后到新时代、今天"的时间排序,每一时期选取一封有代表性的信件,大家从读信到品信、写信,感悟不同时期的英雄为祖国做出的牺牲和贡献。

以信的形式呈现,学生就会觉得很不一样。而且学生自己在家看电视和在班会上一起聆听感悟的氛围和感受是不同的。

(一)第一环节——读信

革命时期我们选取了"陈觉和赵云霄的革命伉俪遗书"。班会课上,我们邀请班级朗读水平较高的两位同学分别扮演革命夫妻,当场朗读陈觉和赵云霄的革命伉俪遗书。就义前,在给爱妻的诀别信中,陈觉写道:"云!谁无父母,谁无儿女,谁无情人,我们正是为了救助全中国人民的父母和妻儿,所以牺牲了自己的一切。我们虽然是死了,但我们的遗志自有未死的同志来完成。"1928年10月14日,陈觉在长沙牺牲。4个月后,赵云霄在狱中诞下一名女婴,取名启明,意为在黑暗中盼望破晓。生下启明仅仅1个多月,赵云霄就要和女儿永别了,她在给女儿的遗嘱中写道:"小宝宝,我很明白地告诉你,你的父母是共产党员……我不能抚育你长大,希望你长大后好好读书,且要知道你的父母是怎样死的……望你好好长大成人,且好好读书,才不辜负你父母的期望。"1929年3月26日,在给襁褓中的女儿喂过最后一口奶后,赵云霄毅然走上刑场,牺牲时年仅23岁。

建设时期,我们选取了"朱光亚写给留美学生的一封信":同学们,听吧! 祖国在向我们召唤,四万万五千万的父老兄弟在向我们召唤,五千年的光辉在向我们召唤,我们的人民政府在向我们召唤! 回去吧! 让我们回去把我们的血汗洒在祖国的土地上,灌溉出灿烂的花朵。我们中国要出头的,我们的民族再也不是一个被人侮辱的民族了! 我们已经站起来了,回去吧,赶快回去吧! 祖国在迫切地等待我们!

改革开放后到新时代,我们选取了"妻子张亚写给舰载机飞行员张超的一封信":对不起我来晚了,让你走得如此孤单。为何梦不见你? 难道你不会想我吗? 这缕藏在你胸口的头发是我给你的信物,来生再续未尽的情。

到今天,我们选取了"习近平写给北京大学考古文博学院2009级本科团支部全体同学的回信":中国梦让你们感受到了一份同心奋进的深沉力量,让你们更加懂得了当代青年所肩负的历史责任。说得很好。中国梦是国家的梦、民族的梦,也是包括广大青年在内的每个中国人的梦。"得其大者可以兼其小。"只有把人生理想融入国家和民族的事业中,才能最终成就一番事业。希望你们珍惜韶华、奋发有为,勇做走在时代前面的奋进者、开拓者、奉献者,努力使自己成为祖国建设的有用之才、栋梁之材,为实现中国梦奉献智慧和力量。

(二)第二环节——品信

一封信的背后不只是一个家庭,更是一个时代,从每个时代里走出来的大人物和小人物都让同学们无比感动,因为人物的塑造真实生动,呈现在大家面前的不是英雄们为国杀敌的硝烟战火,而是最容易走进人心的儿女情长,正是对儿女情长的不舍才更加显得他们为祖国的牺牲和付出是那么的珍贵。从革命先烈的信件中,同学们感受到战争年代的一个个战士牺牲自己的生命、爱情、家人,为中国人民站起来做出的巨大努力,我们今天的和平与安宁方显可贵;从建设时期的朱光亚的信件中,同学们感受到无论何时、无论身在何地,只要祖国召唤,我们就应该义无反顾地回到祖国的怀抱。今天的孩子们没有吃过苦,责任意识不够强,有些孩子出国留学只为换取个人的美好生活,甚至有的学生在出国留学期间居然散播对祖国不利、不敬的言论。笔者告诉同学们:"你赞美你的祖国,周围的人才会在心里赞美你;你捍卫祖国的利益,周围的人才会从心里敬重你,反之,你的趋炎附势只会受到别人的鄙视和嘲讽。"从改革开放后到新时代这一阶段的信件中,孩子们从一个妻子的信件中读出了家人对英雄的不舍与支持,读出了一位小女子的民族大义。祖国从站起来到富起来需要各行各业的精英付出时间、经历、甚至生命,同学们读了这封信后并没有因为飞行员有危险就逃避这个职业,相反,很多男孩子在品信阶段纷纷表示将来自己也要做飞行员、做战士,为祖国守好每一寸国土;新时代选取的习近平同志的信,是为了勉励全体追梦人。笔者告诉孩子们:"新时代的高中生都是祖国的追梦人,我们都要在祖国的各行各业做着伟大而又平凡的事,希望同学们都能在各自的工作岗位尽职尽责,让新时代的祖国变得更加强大。"

(三)第三环节——写信

不同时期的信给大家带来不同的感动,但是除了感动之外还要有感悟,笔者为每位同学准备了一份礼物——清华大学和北京大学的校徽，希望他们树立起为中华民族之复兴而读书的坚定信念，然后请每位同学也写一封信，可以写给老师、写给家长、写给祖国，也可以写给二十年后的自己……

当四十五封满载青春梦想的信件封存在"我们有约"的小匣里，笔者看到了孩子们目光中的真诚与责任，我知道那封信里有对党的热爱、对国家的忠贞，有民族振兴的一份使命，更有他们对自己的一份期盼。笔者告诉孩子们，将来要常回母校看看，顺便看看当年自己写下的青春誓言。同学们在读信、品信、写信的过程中对国家的认同感和责任担当意识逐渐得到提升。

二、以小见大，说"邮票"见证历程

一枚小小的邮票曾激起过许多人心中最温柔的涟漪。对于不再通过写信来与人进行沟通的当代中国孩子来说，邮票正在远离他们的生活，欣赏邮票之美的能力也在逐渐衰减。但是我们都知道，一枚小小的邮票并不简单，方寸之间见证着国家在经济、政治、文化、社会、生态各个领域的每一个进步，如果新时代的学生不再关注邮票，将会是这一代莫大的遗憾，如何弥补这份缺憾呢？笔者精心设计了以"我和祖国有个约会"为题的邮票主题班会，先请同学们课下查阅有关邮票的知识，在课上，让小组代表分别介绍不同时期最能体现祖国发展变化的邮票，引导学生以点带面，感受祖国蓬勃发展的活力，体会今天幸福生活的来之不易。最后，笔者倡议同学们一起设计二十年之后的邮票，将我们和祖国的约会都记录在这方寸之间。邮票虽小，但内涵却极其丰富。以小见大，培养学生的使命担当意识，培育学生的爱国情怀，从而激发其锐意进取的

可贵品质。以下是这次班会课的文字实录:

　　主持人:高一(5)班"我和祖国有个约会"主题班会现在开始! 今天,班主任老师为大家带来一件宝贝,下面有请她揭开这件宝贝神秘的面纱。

　　班主任:大家好,下面将要呈现在大家面前的是一件特别珍惜的藏品——请大家看大屏幕,这是在几十年前曾经引发过一场风波的邮票《全国山河一片红》,面值 8 分。请大家猜一猜它现在值多少钱?

　　全班同学:100 元?

　　班主任:低了。

　　全班同学:10000 元?

　　班主任:低了。

　　全班同学:100000 元?

　　班主任:低了。

　　全班同学:1000000 元?

　　班主任:低了。这枚邮票是一枚错票,一位中国地图出版社的编辑(也是一位集邮爱好者)在它正式发行不到半天就发现,这枚邮票上中国地图画得不准确,没画出西沙群岛和南沙群岛,这使得这枚邮票成了中国最出名的错票。在香港的邮票拍卖会上,这枚面值仅 8 分的《全国山河一片红》以天价成交。其中这枚大幅《全国山河一片红》以 368 万港币刷新了中国邮票拍卖最高成交价的世界纪录,而另外 6 枚共拍得293.25 万港元。

班主任：其实，邮票的价值远不止于此。邮票素有"国家名片"之称。世界各国都把本国的政治、经济、科学、文化等方面最具有代表性、最引以为骄傲的内容反映在邮票上，把邮票作为对外宣传的"窗口"。回眸祖国这么多年的沧桑巨变，作为华夏子孙的我们无不感到骄傲，接下来就让我们以票会友，跟随这小小的邮票，共同回顾祖国发展走过的每个脚步。

主持人：下面有请第一组同学。

一组组长：（播放背景音乐《东方红》）大家好，欢迎收看《背后的故事》，这期节目的主题是"邮票背后的故事"，我们组将要为大家介绍的是从中华人民共和国成立到改革开放前的几枚邮票，请大家看大屏幕：

一组A1号同学：首先映入大家眼帘的是1959年为纪念中华人民共和国成立十周年而发行的纪字头邮票《纪71开国大典（雕刻版）》，面值20分。这张邮票现在非常罕见。

一组A2号同学：这枚邮票体现的是开国盛典的一个场景。开国盛典本来是有照片的，但由于照片中的天安门城楼上四根柱子从整体布局上来看不够美观，而且拍照的那一刹那，朱德同志不在，就没形成一张"全家福"，所以后来用油画弥补了这两个遗憾。

一组A3号同学：其实我觉得这枚邮票之所以珍贵，还要从历史的角度去考虑。回首过去，面对山河破碎的国家，是中国共产党带领中国人民经过艰苦卓绝的奋斗，缔造了新的中国。而这枚邮票也让我们更为深刻地感受到，中华民族在历经磨难之后,仍有信心和激情去开创未来。

一组 B1 号同学:我们组要展示的第二枚邮票是关于"一五计划"的一枚邮票,纪念邮票一套 3 枚,面值分别为 4 分、8 分、16 分。武汉长江大桥就是在这一时期建成通桥的。当年充满豪情的毛泽东,用了 11 个字铭记了这座大桥的伟岸:一桥飞架南北,天堑变通途。在这一时期,中国的工业、农业、交通运输业都得到较快的发展。

一组 C1 号同学:大家请看第三枚邮票。这张邮票是为纪念 1970 年"东方红一号"卫星发射成功而发行的邮票。下面让我们一起来见证那振奋人心的时刻吧。(播放视频)

一组 C2 号同学:受当时环境的影响和条件的制约,加之保密工作的要求,发射和测控单位都没有制发任何的纪念封和纪念邮品,这成为一种遗憾。直到 1986 年才发行了第一套反映我国航天事业的特种邮票,共 6 枚,这是其中的一枚,面值 4 分。

班主任:大家说得真棒,老师也准备了一份资料,请大家一起来看一段视频。不知大家刚刚有没有注意到一个人,就是咱们的航天之父钱学森老先生。1955 年,在周总理的帮助下,他排除了万般阻挠,毅然决然回到祖国,开启了中国的卫星事业,实现了几代人的梦想。在 2009 年的 10 月 31 号,祖国刚刚过了六十周岁生日,钱学森老先生放心地离开了我们,享年 98 岁。他留下的,是无比宝贵的精神财富和技术积淀。在这里,借这枚邮票表达我们对他的哀思,相信我和大家一定能够尽自己最大的努力完成他老人家未竟的事业。

一组组长:从开国大典到"东方红一号"卫星发射成功,炎黄子孙完成了一次又一次的跨越,这也是一个国家坚定信念的结晶,是中华盛世的伟大开篇,我们都为这段历史感到骄傲。感谢大家收看《背后的故事》,我们下期再见。

主持人:我们的家乡在希望的田野上,我们的理想在希望的田野上,我们的未来在希望的田野上,这个歌声把我们带入了 20 世纪 80 年代,20 世纪 80 年代的祖国又发生了哪些变化? 有请第二组同学。

二组组长:(播放背景音乐《在希望的田野上》)大家好,欢迎收看《嘉宾访谈》,我们组给大家带来的是 20 世纪 80 年代的几枚邮票。有请第一位嘉宾——张同学你好,请你给大家介绍一下第一枚邮票。

张同学:神女应无恙,当惊世界殊。我要介绍的这枚邮票是关于三峡工程的,三峡工程是中华民族的世纪梦想,从孙中山的《实业计划》到毛泽东的《水调歌头·游泳》,囿于当时的政治经济条件,三峡工程停留在纸上谈兵阶段,直到 20 世纪 80 年代,这项工程才被提上日程。这枚邮票就是为纪念三峡工程而发行的。

二组组长:我们的班主任是政治老师,所以下面请班主任老师来谈谈,我听说三峡工程在当时是很有争议的。

班主任:因为我是政治老师,所以我经常会关心这样一些数据,比如,三峡工程是在七届全国人大五次会议上进行的投票表决,据相关数据表明,当时有 1767 票赞成、177 票反对、

664 票弃权、25 人未按表决器,也就是说有近三分之一未投赞成票。这在全国人大表决史上是前所未有的,它充分显示了科学和民主的精神,那也就说明,咱们国家在经济发展的同时,民主政治进程也加快了脚步。

二组组长:感谢班主任老师的参与,接下来要向大家介绍的是 1981 年第三届女排世界杯冠军纪念套票(2 枚一套),面值分别为 8 分和 20 分。

二组组长:我们组是从科技和体育两个方面为大家介绍了 20 世纪 80 年代的两枚邮票,感谢大家收看,下期再见。

主持人:跟随历史的车轮,我们来到了 20 世纪 90 年代,那里有个春天的故事。

三组组长:(播放背景音乐《春天的故事》)欢迎来到惊喜无限的《开心辞典》,我是主持人刘同学,请看大屏幕,这三张邮票是关于邓小平爷爷的,下面我们进行知识问答,一号同学请听题,"对内改革,对外开放"是什么时候提出的?

一号同学:1978 年。

三组组长:确定吗?

一号同学:确定,1978 年党的十一届三中全会在北京召开,这次会议之后,咱们中国就以农村为突破口进行对内改革和对外开放,邓小平同志用事实告诉大家,实践是检验真理的唯一标准。

三组组长:恭喜你,回答正确。二号同学请听题,中国特色社会主义市场经济体制是什么时候提出的?

二号同学:1992 年,当国人还在为"姓资姓社"的问题打着无聊的口水仗时,邓小平同志审时度势,提出了建立中国特色社会主义市场经济体制。

三组组长:恭喜你,回答正确。三号同学请听题,二十五年前曾发生了一件什么事,让全中国都沸腾了,这件事是什么? A——申奥成功,B——澳门回归,C——香港回归,D——中华人民共和国成立五十周年。请作答。

三号同学:香港回归。那个时候,祖国一直期望着香港回归,香港人民有一些担心,就在这个时候,邓小平同志提出了"一国两制",让世界惊叹。

三组组长:恭喜你,回答正确。四号同学请听题,请你根据史实概括一下邓小平爷爷有哪些超凡的魄力?

四号同学:那个时代离我太遥远了,我可以现场求助吗?请班主任老师帮我说说吧!

班主任:说起邮票,我是门外汉,但是说到这套邮票,我还是一定的有发言权的,因为我就生活在那个时代。老师像你们这么大的时候,在 1997 年 7 月 1 日凌晨期待着看到香港回归祖国那庄严而又神圣的时刻。现在大家可能都有自己的偶像,老师在那个时候也有个属于我的偶像,就是一代伟人邓小平。邓小平的一生很坎坷,但是他却能以惊人的毅力熬过那些难熬的岁月,能以乐观的态度面对生活的种种逆境,能够等待和抓住人生中的机会,能以超凡的魄力进行无数次大胆的尝试,比如说提出一国两制。所以从那时起,每当我跌入人生低谷时,每当我走入穷途末路时,我就会想到他,然后就会有力量,就能够勇敢地抬起头去面对现实,我想这大概就是偶像的力量。

三组组长:感谢老师的真诚分享,我们组以《开心辞典》栏目的形式向大家介绍了20世纪90年代的几枚邮票,希望大家能够记住那段岁月。

主持人:当今社会对我们"00后"褒贬不一,其实,我们虽然有个性,有自己的想法,但是我们有原则,我们都知道,对于那些革命先辈和无数为祖国发展做出杰出贡献的人,我们都应该感恩,如果没有他们,也就没有今天幸福的我们,更不会有明天日新月异的祖国了。唱着《东方红》,讲着《春天的故事》,中华人民共和国走进了新的时代,而我们也将踏上祖国的大舞台。有请第四组同学。

四组组长:(播放背景音乐《走进新时代》)欢迎大家来到《面对面》节目,我是主持人杨同学。今天,我们给大家介绍几套极有分量的邮票。

四组A1号同学:良好的开端等于成功的一半。新世纪伊始,中国成功加入世界贸易组织。为了纪念这一历史时刻,发行了中国入世的纪念邮票,面值80分。该邮票主图由象征中华人民共和国的华表、祥云、世界贸易组织标志和中国国际贸易中心大厦组成,寓意一个历史悠久而且拥有13亿人口的国家与世界大家庭的融合。加入世界贸易组织使我国进一步融入了世界经济贸易发展的主流,这对我国的影响必定是深远的,它在给我们带来新的机遇的同时也必定会带来新的挑战。

如何正确预测和评估加入世界贸易组织的影响，怎样才能更好地把握和抓住机遇，怎样才能勇敢地面对和应付挑战，几乎是我们每个中国人都关心的问题。

四组 A2 号同学：请看第二枚邮票，这是近年来让我颇为震撼的一项伟大的工程——青藏铁路。青藏铁路是一项史无前例的工程，它的开通展现了我国人民"敢为"的精神。我一直有一个想法，那就是在不久的将来，我一定要去一次西藏，踏上这条用无数辛勤工人的汗水砌成的天路，去感受西藏的风土人情。

四组 A3 号同学：请看第三套邮票，《精准扶贫》是中国邮政为了庆祝党中央脱贫攻坚战取得重大进展，于 2019 年 11 月 29 日发行的邮票。邮票第一幅图《大步迈向小康社会》展现了义务教育有保障和健康扶贫的相关内容，第二幅图《福建宁德市赤溪村》展现了一幅生态美、百姓富的美丽画卷，第三幅图《湖南花垣县十八洞村》，展现了湘西苗寨的新面貌和新气象，第四幅图《宁夏永宁县闽宁镇》展现了闽宁美丽乡村全面发展，第五幅图《河南兰考县》用精准生动的笔触描绘出兰考历史性跨越和巨变，第六幅图《江西井冈山市》描绘了革命摇篮井冈山脱贫发展的新画卷。

四组 A4 号同学：请看第四套邮票。中国邮政于 2020 年 5 月 11 日特别发行《众志成城 抗击疫情》邮票一套两枚，邮票图案名称分别为：众志成城、抗击疫情。全套邮票面值 2.40 元。据业内人士分析，这套邮票是我国特别发行的第十一套邮票。这种特别发行的邮票，二十年来一共才发行了十一套，只有发生大事件的时候才会发行,其意义非同一般。此套邮票紧扣抗疫热点,设计新颖,采用连票的形式,邮票图案中"众"字将两枚邮票紧密连接,寓意全国上下凝聚起众志成城、抗击疫情的强大力量。图案既有头戴防护用具的医务工作者形象主体,也有社会各界参与抗疫的群体形象,主题鲜明,形象突出。

四组组长:感谢大家的精彩发言,希望本期的《面对面》节目能够让大家对我们美丽的祖国有更深刻的了解,这期节目就到这里,下期再见。

主持人:看了这么多邮票,我忽然有个想法,请大家张开想象的翅膀,想想二十年之后我们和祖国的约会将在哪里,同时,用我们的智慧和理想设计出二十年之后的邮票。下面请大家以小组为单位,每组设计一张邮票,能体现二十年后祖国、家乡的巨变,并说一说自己将为这个变化做出哪些贡献。(计时10分钟)

主持人:时间到,请各组将设计作品拿到前面展示。

一组:现在给大家展示的是一组所设计的邮票,这两张邮票拼起来是我们滨海新区响罗湾的极地海洋世界,上面是背鳍,后面是尾巴,建设在水边的极地海洋世界像一只跃于海面的蓝鲸,由于蓝鲸能够代表自然、和谐,展现海洋的主题,所以我们选取它作为邮票的背景。希望二十年后,我和祖国就约会在这里,让滨海新区的旅游业在世界闻名。

二组:我们组为大家展示的这枚邮票是关于南港工业园区的,这里是我的家乡——大港。截至2022年底,南港工业园区已完成围海27平方公里,造陆18平方公里,它作为天津市产业的重要承载地,已经和陶氏化学等企业签署协议。到目前为止,大炼油、大乙烯等领域三十多个重大项目正在积极推进,总投资约为三百亿美元。未来的南港工业区必将成为滨海新区的热点、重点和亮点。我想当一名工程师,将来投身于南港工业园区的建设,将它建设为世界一流的工业园区。

三组:百万吨乙烯、千万吨炼油,这是我们组设计的关于天津大港石化基地的邮票,这座历经十年不懈追求、承载了天津石化人腾飞梦想的世界级现代化石化基地将会成为渤海湾上一颗璀璨的明珠,二十年后,我将投身于我国伟大的石油事业中去,利用我所积累的才识,成为一名勘探钻井技术工作人员,为我国找到效率最高、耗资最少的开采方式,将成本压到最低,使我国谋取到最大的经济利益。

四组:在未来的滨海新区发展中,最不可缺少的就是生态建设,所以我们组设计了一个以中新生态城为主题的邮票。中新生态城是中国与新加坡合作的项目,是继苏州工业园之后两国合作的新亮点。这一方面体现了环保的世界理念,同时也为滨海新区的全面发展尽一份力,在二十年后我将和祖国在这里约会,那时我将作为中新生态城的总负责人,为滨海新区的生态建设尽一份力。

主持人:下面请大家畅所欲言,谈谈自己二十年之后将和在哪里祖国约会。

(学生活动)

班主任:下面就请咱们的小主持人为每位同学发一张小

纸片,把我们还未来得及设计的内容写在上面。

主持人:时光荏苒,撼动人心的邮票展示已经结束,但是我们和家乡、和祖国的约会却依然还在继续,记得有首歌唱道:"幸福的笑容天天挂眉梢,孩子高了,懂事多了……"人们的生活越来越好,通过这一枚枚小小的邮票,我们收获了那么多动人的故事。我希望二十年后咱们再相聚,共同见证祖国的辉煌、家乡的巨变。最后,请班主任老师谈谈对本次班会的感受。

班主任:被称为"百科全书"和国家名片的小小邮票,作为一种载体,它将时间与空间完美结合,将历史上有意义、有影响的重要人物和事件通过这方寸画面呈现给大家。打开这样一本集邮册,就好像翻开一部宏大的祖国发展史!让我们在重温历史的同时,也能深刻感受到中国共产党的伟大、祖国的伟大。皑皑的雪山不会忘记,神圣的天安门不会忘记,峻美的三峡不会忘记,神话般崛起的南海也不会忘记,新世纪的你们更不应该忘记,是中国共产党引领亿万中国人从贫弱走向强大,从封闭走向开放。从一张张小小的邮票上,我们读出了感恩,感恩先辈们的奉献,我们读出了感动,为那些激情燃烧的岁月而感怀。然而我们更多的还应该读出一种感悟:在中国,从南昌起义黎明前的第一声枪响,到遵义会议那划时代的抉择、延安窑洞和西柏坡燃起的长明油灯,无数的革命先烈、无数的共产党人都有一个梦想,他们梦想着在中国不再有"三座大山",不再有贫穷和饥饿,为着这样的梦想,他们在努力奋斗,并为之献上了自己宝贵的生命,所有的梦想也在一步步地实现。今天，我们大家也有个梦想，我们梦想着二十年之后，我们和祖国的那个约会能够如期实现，我们梦想着二十年后属于我们和祖国的那一张张邮票都能变成现实。为了这个梦想，从现在起，我们也要努力去奋斗，我坚信这样的梦想一定会实现。最后，让我们用一首改编版的经典老歌来结束今天的班会，同时，希望大家永远记住，我们和祖国还有一个美丽的约会。

主持人：我有一个提议，请大家把刚刚写的小纸条放在这个瓶子里，二十年后我们再相聚，这就是我们和祖国约会的最好见证。

（音乐起）

《年轻的朋友来相会》歌词改编版

年轻的朋友们今天来相会

荡起小船儿，暖风轻轻吹

花儿香，鸟儿鸣，春光惹人醉

多个梦想照进了现实

啊，亲爱的朋友们

美好的春光属于谁

属于我，属于你

属于我们新时代的新一辈

啊，亲爱的朋友们

美好的春光属于谁

属于我,属于你

属于我们新时代的新一辈

再过二十年我们重相聚

伟大的祖国那时多么美

天也新,地也新,春光更明媚

城市乡村处处增光辉

啊,亲爱的朋友们

创造这奇迹要靠谁

要靠我,要靠你

要靠我们新时代的新一辈

啊,亲爱的朋友们

创造这奇迹要靠谁

要靠我,要靠你

要靠我们新时代的新一辈

但愿到那时我们再相聚

举杯赞英雄,光荣属于谁

小邮票,大舞台,述说一百年

回首往事心中可有愧

啊,亲爱的朋友们

愿我们自豪地举起杯

挺胸膛,笑扬眉

光荣属于新时代的新一辈

啊,亲爱的朋友们

愿我们自豪地举起杯

挺胸膛,笑扬眉

光荣属于新时代的新一辈

光荣属于新时代的新一辈

光荣属于新时代的新一辈

三、借鉴综艺,谈"美食"畅想未来

"一带一路"倡议值得每一个高中生了解。但若想以孩子们最喜欢的方式引发他们了解国家大政方针的欲望,则需要班主任认真研究。为此,笔者模仿纪录片《舌尖上的中国》,以《舌尖上的丝路》为载体,以介绍"一带一路"倡议沿线国家的美食为依托,引导学生了解"一带一路"倡议的重大意义。

笔者引导学生在了解美食的过程中,感受"一带一路"沿线国家的风土人情,寻找文化的世界性和民族性特点,最后再请大家谈谈自己在丝路建设上扮演的角色:有的同学说自己在努力学好英语的同时还应兼修小语种,将来去"一带一路"沿线国家当翻译。笔者鼓励这位同学:"那你就用外语讲好中国故事。"有的同学说要

研究一下沿线国家的服饰,吸取各民族的服装设计元素,将来做一名服装设计师。笔者鼓励他:"希望你能让中国的服装与沿线国家美美与共。"话题由饮食而起,却不止于饮食,学生的奇思妙想在美味食品中被激活,远大理想也在润物无声的教育中悄然形成。

有人问笔者为什么要做系列化班会,今天的世界,无时无刻不在发生着翻天覆地的变化,学生的内心世界其实是很难猜的,如果我们不去占领德育阵地,自然会有很多花花世界填补进来,所以,好的班会课就是我们占领学生思想德育阵地的有效武器。爱国主义教育这样的话题,每天讲都不过分,但是如果空谈爱国,学生就会逆反,所以我们就用不同的载体,像串项链那样把爱国主义教育以不同的形式串起来,随时挖掘身边的新鲜元素,对学生进行潜移默化的熏陶。

班级特点不同,学生在不同时期呈现的问题不同,班主任需要有一双善于发现的眼睛,及时发现问题,再巧借一个角度,曲线救国。我们可以不直抒胸臆,但一定要一语中的。总之,我们应该让系列化班会课成为一串闪光的珍珠链,从心理到生理,从修身到齐家,从治国到平天下,照亮孩子的心灵,让他们明确努力的目标。

第二节　以"周记漂流瓶"为依托,
寻求个性问题的解决之法

漂流瓶曾经是人们穿越广阔大海时进行交流的有限手段之一。密封在漂流瓶中的纸条往往写有重要的信息或者衷心的祝福。发现一个可能从未知海域而来的漂流瓶,对于古代水手而言是一种惊喜。随着网络的发展,各种网络版的漂流瓶也日渐增多。如 QQ 邮箱漂流瓶,等等。漂流瓶以这种形式发出,更容易吐露心声,这也是网络漂流瓶的一大特色。

　　在日常的班级管理中,无论多么出色的班主任也无法解决所有藏在孩子内心世界的问题。师生角色决定了并不是所有的学生都乐于将自己的心事以聊天的形式告诉班主任,青春期的孩子更加羞涩和敏感,总是担心说出心事就无法保守秘密,或者会感到很羞耻、难以言表等。一次偶然的机会,笔者在班级的某个角落发现了一张纸条,上面写着"谁能救救我"。笔者很为他(她)担心,但是又不知道是谁写的,于是笔者在纸条上回复:"我愿意帮助你,如果你相信我,请将你的心事写好后悄悄放到我办公桌旁的第一个抽屉里。"第二天,笔者的抽屉里出现了一个瓶子,里面有一封信。笔者收到了人生的第一个漂流瓶。在和这位同学交流的过程中,笔者逐渐认识到马克思主义哲学的正确性,即"一把钥匙开一把锁"。在矛盾的共性的指导下,我们还要及时了解不同时期每位学生的内心困惑,对其进行有效的个性化指导。于是在笔者的班里,就有了"周记漂流瓶",孩子们将自己的心事写在周记里,而笔者是他们最忠实的听众。

一、关注情绪,正确引导

　　一天,笔者在课上发现一个学生眼神游离,课后问她怎么了,她只是摇摇头,什么都不说。于是笔者在周记里给她留言:"婧,你怎么了? 今天上课状态不好,是病了还是有心事?"第二天,她给我回复了这样一段文字:"爸爸做生意被人骗了,家里的房和车都拿去抵债，我现在连吃根冰棍都要想想该不该买，爸爸妈妈天天为了钱吵架，我却不知道该为他们做点什么。以前姑姑和舅舅家的孩子都来找我玩，可现在他们都不见了，妈妈说这是因为怕我们家向他们借钱。老师，我不想念书了，我想去赚钱……"一个17岁的孩子居然要承受如此的家庭巨变和压力。笔者的眼前再度浮现出她无助的目光。该怎样帮助她？考虑再三，笔者这样写道："好孩子，我为你的懂事感到欣慰，但我要告诉你的是，年轻人多吃点儿苦，更有助于理解生活。今天你家的变故正是你人生的选修课，既然选修到了，就多一份阅历，可如果你辍学，你的爸爸妈妈会无比自责，这不是更让他们担心吗？你长大了，要学会坚强，要经常给爸爸妈妈一个微笑，告诉他们你在学校每天都很开心，告诉他们你今天又攻克了几道难题。现在，你就是他们最大的动力。"第二天上课，笔者看她的时候，发现她正好也在看笔者，笔者用力地点点头，她也会心一笑，轻声说了一句"加油"。

那之后的一个月，同学们都说她像打了兴奋剂，笔者也不时地在周记漂流瓶中画上一个笑脸，写下一个"加油"。她的月考成绩不出所料有了飞速提升，由年级的101名进步到52名。笔者在她的作业里留言："恭喜你如愿进步，为你骄傲。"第二天她回复我："亲爱的倩姐，昨晚爸妈看到我的成绩单，他们居然哭了。爸爸说，'这是他最近听到的最振奋人心的消息'，妈妈说，'那也不看看是谁生的闺女'，爸爸还亲了妈妈一下，他们很久都没有这样亲密了。倩姐，其实我身边有很多和蔼可亲的好老师，但我还是没有勇气说出心底的秘密，而您在我的周记里留言，鼓励我将内心的苦楚诉诸笔端，不用担心自己的秘密被人嘲笑。谢谢你，你是我永远的知心姐姐!"

连笔者自己都没有想过会有那么一天,有那么多的孩子因为笔者的留言发生改变。作业本上画的对号曲线再美,也不及笔者的一句鼓励更让学生终生难忘。

二、找准症结,对症下药

2020年,突如其来的新冠肺炎疫情让孩子们首次尝试了线上课堂。起初,孩子们都很开心,但一周过后,问题就出现了,有的家庭出现了家长焦虑、孩子抑郁等问题。而赵同学的问题是所有同学中最突出的。

赵同学在高一、高二期间一直都是品学兼优的好孩子,但是她心思敏感,胆小怯懦。升入高三后,她的心理压力极大,在上网课的期间,她看不到同学们,每天都担心自己学得不够多,担心自己的成绩会因为上网课而下滑。一次数学课上,老师让她回答问题,她由于紧张而将一道相对简单的题目回答错误,数学老师告诉她应该多做题。这一件看似很小的事情让她的情绪极度崩溃。她由此联想到自己的所有科目可能成绩都下滑了,进一步联想到自己的大学梦难以实现,班主任老师、任课老师、家长都要对她失望了,等等。总之,她从此开始一蹶不振,上网课也经常逃课,让妈妈陪她去附近的公园散步、在河边放声大哭。笔者与她的家长取得联系,然后开始了与这个家庭的线上家访。线上聊天的时候孩子表现得很正常,但是只要一提到上课,无论是什么科目,她都非常抵触,笔者隐隐发现,她在面对老师的时候还是无法控制自己的情绪,有些自卑、羞愧,又非常无助和迷茫,她也清楚自己不能一直这样下去，但是还是无法勇敢地迈过心里那道坎。

找到问题的症结，也就好对症下药了。这次的周记漂流瓶是以写信的形式进行的，笔者特意去邮局给她寄了一封信，信里面没有什么鼓励的话，只是告诉她这段时间她没上课，各科老师都很担心她的学习进度，每一科目的老师都给她单独列了一份知识清单并配有习题，希望她能自己完成。赵同学的妈妈告诉笔者，孩子从来没有收到过贴着邮票的信，她看到信的内容后又大哭了一场，觉得自己想多了，原来老师们并没有嫌弃她，还专门为她出了题，她一定要认真学习、认真做题。写了知识清单、完成了试卷，她也选择了邮寄的形式把作业发给了笔者，还附文字跟各科老师说抱歉，她不应该旷课这么久。笔者拜托各科老师给她批改，每位老师都在她的作业上写下一段鼓励的话，于是，她终于鼓起勇气继续开始上网课。

不巧的是，没多久就恢复线下教学了。回校复课的第一天，班级应到45人，实到44人，赵同学居然没来，妈妈说孩子虽然接受了线上学习，但是一说要回学校，又不敢见老师了，还是觉得很愧疚。与其说赵同学是不敢见老师，倒不如说是不敢面对高考，这种情况严重到家里不能摆日历，聊天也不能聊日期，一说日期马上就哭着说距离高考时间太短了，来不及努力了。看到她这样恐惧未来两个月的冲刺阶段，笔者和其他任课老师都为她担心。这时笔者又想到了周记漂流瓶，不过这次不是笔者与她之间。赵同学梦寐以求的高校是中国政法大学，笔者找到上届从我校考到中国政法大学的刘同学，请她帮忙给赵同学写信开导，还给她寄去了中国政法大学的校园照片、教授简介，以及自己当时冲刺高考时写下的日记。剩下的两个月中,赵同学一直在和这位学姐通信交流,每当她又害怕自己考不好的时候,就会写信告诉学姐,学姐再回信开导她。就这样,两个月的时间紧张而又充实地过去了,在笔者和学姐的共同鼓励下,赵同学走进了考场,最后一科考完后,她冲出考场用力地抱住了笔者:"老师,不管我能不能考上中国政法大学,我都感谢您和那位学姐,如果不是你们鼓励我,我都没有勇气活下去了,现在我战胜了高考、战胜了自己,谢谢老师……"虽然最后她没有如愿考上中国政法大学,不过还是高高兴兴地去了西南政法大学实现她的律师梦。

什么形式的漂流瓶不重要,重要的是这份心与心的沟通。笔者一直将各种形式的周记漂流瓶保留在自己的抽屉里,四十五个孩子的周记在师生之间漂流,二十余万字的心路历程在笔者耳边回响,无数次心与心的沟通帮助每位同学平稳度过成长的阵痛。周记漂流瓶成了破解学生困惑的秘方,委婉地解决了许多个性化问题。

第三节 以学科活动为依托,解决共性与个性交织的问题

唯物辩证法认为,共性与个性是相互联结的,共性寓于个性之中,个性也离不开共性。因此,我们以学科活动为依托,尝试解决共性与个性交织的问题。

2017级高一新生是我校开始实施选课走班制的第一届学生,他们普遍不清楚自己的兴趣所在,一次次的试选都举棋不定。鉴

于此,笔者将共性的生涯规划变成教育的个性化,在班级先后组织了多次带有学科特色的活动,以此引导学生正确认识自我、科学选课。

一、模拟人大、政协,提高参与素养

当前,中国特色社会主义已进入新时代,新时代需要培养时代新人,需要培养为党和人民服务的人才。高中生作为党和国家坚实的后备人才,其政治参与素养对于中国特色社会主义伟大事业是必不可少的。鉴于此,高中阶段就应该给予学生参与的平台和专业的指导,引导学生正确参与政治生活,在实践锻炼过程中提高政治参与素养。

人大和政协这两大主体在高中政治教材中的地位不可小觑。学生对人大和政协的了解仅限于教材,难免会将它们在政治生活的作用看作可有可无、锦上添花。因此,我们设计了两个学科活动"模拟人大""模拟政协"。

(一)模拟人大,身临其境

第十三届全国人大会议有两大创新,一是代表通道开启,二是宪法宣誓,我们针对这两大创新环节组织学生分别模拟代表通道开启和宪法宣誓两个环节。当代表通道开启后,同学们看到我校的校长(上一届天津市市级人大代表)佩戴代表证,以人大代表的身份来到我们中间,同学们兴奋地向她提了很多问题,校长一一回答,大家深感政治生活并不遥远,教育界人大代表的议案与学生们的学习生活密切相关。大家第一次零距离接触人大代表,通过走近人大代表,走进全国人大,身临其境感受我国政治制度的优越性。

宪法宣誓环节更是引起了大家的重视,几个男孩子特意准备了西装,庄严地宣誓:"我宣誓:忠于中华人民共和国宪法,维护宪法权威,履行法定职责,忠于祖国、忠于人民,恪尽职守、廉洁奉公,接受人民监督,为建设富强民主文明和谐美丽的社会主义现代化强国努力奋斗!"

宪法宣誓是一种仪式,但又不仅仅限于仪式。我们知道,权力是由人民赋予的,由宪法具体表现出来。被任命者拥有权力后,宪法宣誓制度可以通过看得见的仪式,表示其会如何对待责任和职权,培养被任命者对法律的敬畏,强化被任命者对自己的约束。同学们在模拟宪法宣誓的过程中真实感受到宪法的威严和肩上的重担。这一仪式在学生心中播下一粒种子,在其内心深处生根发芽,将来"为人民服务"的意识自然能够水到渠成。

(二)模拟政协,建言献策

政协提案是参加政协的民主党派、团体和政协委员向政协全体会议或常务委员会提出的,经提案委员会审查立案后交付有关单位办理的书面意见和建议。高中生通过参与模拟政协活动,能极大地提升社会责任感、公民意识和参与意识,在涉及民生的公共政策问题的寻找和改变的过程中关注民生、关注社会;通过提案形成的全过程,有组织、有目的地学习和掌握所需的各种调查、分析、研究、展示演说和辩论的知识和能力;通过规范的活动流程体验中国特色的民主协商的政治制度;在对话政策、对话同伴、对话政要的过程中了解政策制定和完善的过程;通过团队合作的形式,在确定选题、调查研究、撰写提案、听证辩论过程中分享个人的创意和团队的智慧。总之,模拟政协活动是我国青少年思想政治教育实践形式的创新,也是高中课程改革的有益探索。

不过,目前的高中政治课堂并没有充足的课时提供给学生进行如此复杂的活动安排,只是在讲到政协的时候提出一些不成熟的议题,进行简单讨论。这样就很难达到政治素养的真正提升。于是,笔者尝试着设置德育作业,将全班同学分成五组,每组九人,由组长负责组织同学们从选题、问卷、调研、数据分析、写报告、演讲辩论等几个环节展开活动。其中一组的选题很接地气,关注了被忽视且潜在问题很大的群体——外卖小哥配送安全问题。

【案例】关于加强外卖配送安全管理的提案背景和问题

外卖配送安全是一项事关人民生命财产安全、社会稳定和经济发展的重大问题。我国的外卖配送交通安全是广大居民一直以来关注的重点问题。虽然我国高度重视外卖配送交通安全工作,加大了对商城、学校、小区、办公场所、娱乐场所等场所路口的管理力度,但这并没有解决根本问题。外卖配送安全给外卖人员、商家、消费者带来了很多麻烦。截至2020年底,我国外卖用户规模已接近五亿人,全国外卖总体订单量达到171.2亿单。在外卖配送安排中,主要存在以下一些问题:

一是违法行为普遍存在。抢到订单的配送员,必须在规定的时间内将食物送到顾客手中。如果迟到,会遭到顾客的投诉甚至被扣钱。配送员送餐时经常会遇到红灯或堵车的情况。为此,不少配送员在利益的驱使下,会闯红灯、穿行人行道、强行超车、逆向行驶,各类交通违法行为层出不穷,严重破坏了正常道路交通秩序。

二是车辆安全性能缺乏保证。现在绝大多数外卖配送的车辆是由配送员自己准备的,部分电动自行车是通过组装、改装甚至于拼装而成的,部分电动自行车制动不良,车辆稳定性差,速度快,由此带来诸多交通安全隐患,给个人及他人的生命财产安全带来极大危害。

三是事故理赔存在漏洞。平台出于减少成本的考虑,其配送人员大多是未与之订立劳动合同的临时工,或是"众包配送员"。成为"众包配送员"后,输入手机号和验证码即可登陆应用程序,完成实名认证,注册后即可在平台抢单。在发生交通事故后,外卖配送公司往往否认肇事者是其员工,拒绝提供赔偿。外卖配送的工作性质决定其工作具有临时性、随意性,一旦发生交通事故,肇事人难以承担高额的医疗费用而一跑了之的情况时有发生。外卖配送车中摩托车及电动车占绝大多数,因投保较少而无法从保险公司获得理赔。一旦受害人无法得到赔偿,会出现投诉、上访等问题,影响社会的和谐稳定。

四是外卖配送费及时长。外卖配送员"每天都生活在对超时的担心中",和以前相比,外卖配送员现在送外卖的时间越来越紧迫。三年前,三公里的配送最长时限是一个小时,两年前是四十五分钟,去年是三十八分钟……配送费问题困扰着消费者、商家、外卖配送员。有时配送费用很低,有时配送费用很高,有些平台没有明确配送费的体制机制,从中又有一些平台无视收费机制乱收取费用,无法权衡三方的利益。

建　议

一是颁布相应法律法规,对违法行为进行罚款、警告、教育、拘留等处罚。对各类习惯性交通违法行为采取灵活的应对措施,不能大事化小、小事化了,不能放过任何一个错误行为。

二是严格要求,对车辆进行把控,对改装车量给予严肃处理,令其在规定时间内恢复车辆,情节严重的采取没收等处罚措施。

三是严格限制车辆骑行速度。车辆速度控制在每小时15—18公里,对于个别路段如学校、广场等人群密集场所,速度限制在每小时10公里。

四是延长外卖配送时长。可根据地理位置、天气、时段、路况、相对距离等因素的影响调控时间,尽可能延长时间,保证外卖人员的生命安全。

五是建立一个外卖平台,其中包括以下内容:建立骑手身份识别系统;骑手每周需要进行培训打卡;对于骑手是否遵守交通法规、是否拥有安全意识进行考核;施行骑手交通文明计分制度;管控商家与骑手权益。

六是完善保险制度。应综合考虑外卖人员、商家、消费者、平台的权益。

附:由学生设计的部分问卷调查题目

第3题:送餐过程中是否发生过交通事故?如果有,导致产生交通事故的因素有哪些?(多选题)

A.送餐人员存在侥幸心理,对交通规则不重视

B. 送餐人员驾驶时分心,忽视了道路交通情况

C. 订单超时,顾客催单

D. 为准时送达,以防顾客给差评

E. 道路拥挤,车流量大

F. 恶劣天气

G. 其他方面的因素

H. 没有发生过交通事故

第8题:您是否关心过外卖骑手与外卖平台之间的矛盾?(单选题)

A. 是

B. 否

第9题:您是否认同当下有必要划分清楚外卖骑手与外卖平台之间的责任,并让外卖平台承担起它应有的责任?(单选题)

A. 是

B. 否

第10题:您认为外卖骑手和外包公司签订合同,而不是直接以被雇佣者的身份与外卖平台签订合同,这样的做法是否对外卖员不利?(单选题)

A. 是

B. 否

第11题:当外卖骑手送外卖时发生事故,您认为责任应该归属于哪一方?(单选题)

A. 外卖骑手

B.平台商家

C.双方都有责任

二、开展党史讲述活动,读史悟理践行

历史是鲜活的、生动的、具体的。伟大历史人物、革命先辈、英雄模范的先进故事、奋斗故事,能够净化学生的灵魂,为学生前行指明方向。读党史是不忘初心、牢记使命、坚定信念、彰显担当的内在要求。因此,我们给学生打造平台,开展"我是党史讲述人"活动,以演讲、朗诵、手抄报等多种形式进行,引导学生通过讲述党史慢慢走进历史、爱上历史。

【案例】诵读百年党史,传承红色基因

首先让学生从四个历史时期分别选取一位英雄故事来讲述。四个历史时期分别为:开天辟地(1921—1949)、改天换地(1949—1978)、翻天覆地(1978—2012)和惊天动地(2012—)。

开天辟地时期:有的同学选取的是方志敏同志的《可爱的中国》,有的同学选择的是《星星之火,可以燎原》,还有的同学则选择了《赵云霄写给孩子的一封信》。

改天换地时期:有的同学选择介绍大人物钱学森,有的同学选择介绍一个小人物:

在新婚4个月后,他便放弃了上海的优越环境,去参加一项"非常重要的工作"——去哪?不能说。做什么?不能讲。

那时的他只是一名普通青年车工，手中的刀具却关系着国家的前途命运。为了达到技术上的要求，他日夜重复练习，体重一度下降三十多斤。直到正式加工前，领导才告诉他要完成的任务是多么重大。1964年4月30日午夜，他熟练地将核心部件毛坯夹在真空夹具上，准备进刀。平时无数次练兵，用的都是模拟料，今天可是要"毫厘之间见真章"，因此大家都捏着一把汗。"开始！"一声令下，他走上操作台，当铀球在夹具上夹好时，他突然紧张起来，仿佛手中握着的不是操作手柄，而是众多核工业人为之奋斗的劳动成果。每车一刀，厚度仅有头发丝的十分之一。只许成功，不许失败。在领导和同志们的鼓励下，他神情专注、小心翼翼，一刀一丝、一丝一刀，铀球在他手中悄悄地改变模样。只剩下最后三刀了！每一刀都需要严密测量，车多车少都不行，车多了，铀球就报废了；车少了，产生了硬化层，就不好加工了。他屏住呼吸，全神贯注，加工、测量、调整，再加工、再测量、再调整，每一刀都要有百分之百的把握。这最后三刀，每进一刀都得经过计算，认真进行核对，确保没有差错，并经总工程师批准才能进刀……最后一刀车完，他长长地松了一口气，身体几乎瘫在地上。此时已是1964年5月1日凌晨。我国第一颗原子弹的"心脏"——铀球，像一个新生婴儿，呱呱坠地。经过严格检测，铀球完全符合规格要求。他也因此得了个让他骄傲了一辈子的绰号——"原三刀"。戈壁滩上艰苦的岁月，在他看来是一生的荣耀，他扎根大漠，隐姓埋名，苦练本领，终于完成了党交给他的任务。他就是一个普通得不能再普通的车工，名字叫作原公浦。

翻天覆地时期：同学们选读的是《实践是检验真理的唯一标准》。1978 年 5 月 11 日，《光明日报》头版刊发特约评论员文章《实践是检验真理的唯一标准》，文章指出，检验真理的标准只能是社会实践，任何理论都要不断地接受实践的检验。文章的主要作者是时年 43 岁的南京大学哲学系副主任胡福明。这篇文章发表后，随即在全国范围内引发了一场关于真理标准问题的大讨论，同时，这场讨论也拉开了思想解放和改革开放的序幕。"解放思想，实事求是"最终成为一个鲜明的思想印记，贯穿了中国改革开放的整个进程。

惊天动地时期选读的是黄文秀的《扶贫"长征"路》和《逆行者的最美战疫妆》。这个阶段的作品与学生最为接近，孩子们读起来感同身受，有的同学甚至将黄文秀的照片贴在了自己的桌子上。

当然，讲述不是目的，关键是从中悟出道理，再加以践行。笔者问同学们："如果让你和这些英雄对话，你想说些什么？"有的同学对革命烈士说："如今这盛世，如你所愿。"这位同学结合今天祖国取得的成就对《可爱的中国》进行了改编，在我校的朗诵比赛中真情演绎了《致敬方志敏——与英雄跨时空对话》。有的同学对隐姓埋名的英雄说："我要做像你一样的螺丝钉。"有的同学对黄文秀说："很多人是因为看见，所以相信，而你是因为相信，所以让我们看见了脱贫攻坚，我们真的成功了。"还有一位同学分享了他的真实故事。2020 年，他正在备战中考，而他的超级老爸作为大港医院首批支援武汉的志愿医生，毫无怨言地冲到了抗疫第一线。笔者问他："爸爸最让你崇拜的点在哪里?"他说:"就是他那不舍但却义无反顾的背影。"笔者接着问:"如果有一天你也有能力、有义务踏上一条逆行的路,你会义无反顾吗?"他坚定地点点头。笔者又继续问:"那你觉得,你和父亲有哪些共同的特征?"他想了想,说:"我们心里都有自己的小家,但是没有国,哪来的家?"

借由这个话题,笔者又让同学们思考:"如果让你与2035年的自己对话,你希望未来的祖国会因你发生怎样的变化?你会做出哪些努力?"一位同学说:"2035年我会让化学课堂变成这样——一说做什么实验,课桌旁就有3D立体的实物出现,它还能自动演示,呈现出精彩的化学反应。"还有一位同学说:"2035年,'上九天揽月,下五洋捉鳖'可能会成为一个旅游项目,我带着游客们在天地间往返,经济又快捷。"一位同学说:"我要将袁隆平先生的杂交水稻沿着'一带一路'种向全世界,因为我们是人类命运共同体。"一位女同学说:"我要发明一个智能衣帽间,可以根据天气场合为大家提供穿搭建议……"同学们新奇的想法非常令人感动,于是课后笔者就发起了"中国梦设计大赛",参赛的都是孩子们的作品。

笔者鼓励同学们:"每一代人有每一代人的长征路。首先,同学们要有梦想,但梦想不能是空想,要有具体的成长规划。怎么让课堂出奇迹?选课走班时就不能举棋不定,要有针对性地选取某几个学科去充实自己。同时,高中阶段可不仅仅只有高考一个目标,除了高考,我们更要学会如何做一个'大写的人'。那么,当你遇到困难、情绪低落、感到前路渺茫时怎么办?你的星星之火在哪里?在你参加升旗仪式的时候,你会不会庄重严肃地望着国旗,仿佛透过国旗能够看到英雄们血染的风采;在你走进报告厅参加会议的时候,会不会有最起码的规则意识? 在你走进食堂用餐的时候,你会不会想到袁隆平先生说的'要让天下因你我而丰足'? 在你与家人、老师、同学沟通交流的时候,会不会换位思考,理解他人? 会不会想到你在这些关系当中该有的责任和担当? 人生的每个阶段都应该把自己该做的事做好,这就是平凡中的伟大。"此时班主任不仅在学生心中种下了红色的种子,还让红色精神传承了下去。

现在回头看,这个活动可以概括为"三步走":讲述是前提,当然我们不见得非得拘泥于讲历史,像时政热点、主流媒体中关于科技、人文、社会的内容等,都是我们讲述的好素材。我们可以利用每天早自习晨读的十分钟,诵读建党百年大会四名青少年的献词,体会新时代青年向党发出的铮铮誓言;可以诵读屈原的《天问》,感受中华民族对真理追求的坚韧与执着;我们还可以走进化学家侯德榜的精神世界,去感悟他的爱国情怀。

悟理是灵魂,每个学科要悟的道理不同,但共同的是那些大人物和小人物在国家需要时挺身而出带给我们的启示。其实悟理的过程也是一个结合、提升的过程:与教材结合、与历史结合、与时事结合、与实际结合。通过历史与现实的结合,抽象理论化为鲜活事例,被动学习变成主动探究,思维打开了,情理也就通畅了,学生的认同感、归属感、自豪感就会油然而生,对党、对中国特色社会主义道路、理论、制度和文化的理解与认同都会上一个新的台阶,红色基因就这样在学生心中的烙印越来越深刻。由读史到悟理,重温厚重的百年历史,方能以史论今,从而有所作为。

由读史到悟理,重温百年历史的厚重,方能真切体会到中国能走到今天,每一步都离不开中国共产党的坚强领导。中国共产党一直不忘初心,牢记使命,带领中国人民在复兴的路上勇敢前行。因此,以史论今,今天的青年应该清楚:为谁而践行,践行些什么,具体如何践行。践行是关键,我们一定要让学生清楚,居安思危,我们今天学习知识,增长本领,都是为了未来当祖国需要的时候,我们有能力挺身、逆行、迎难而上。我们虽心向远方,却应脚踏实地,精益求精地做好当下的每一件事。

三、尝试编程比赛,筑梦科技强国

选课走班在外省市实行的几年间,曾经出现过选报物理学科的学生人数锐减的情况,理由很简单,物理学科在理科中相对较难拿分,很多学生和家长为了在高考中尽可能拿到高分而放弃物理学科,但是从长远角度讲,这并不利于科技强国的战略发展。为了尽量避免我校学生也出现这样的问题,在 2020 年开始的首届选课走班中,笔者就有意识地让学生感受到物理这个学科的魅力和对国家的贡献,让同学们感受到自己有责任为国家和民族的复兴而读书。

恰逢世界智能大会在天津举行,大会的最后一天正好在周末,笔者和同学相约同去参观,学生对机器人特别感兴趣,回来后笔者专门鼓励同学们开展了一次机器人编程比赛。近年来,机器人编程比赛越来越成为高中生青睐的一项活动。对于学生而言,参加机器人编程比赛的意义已经远远超过了一张证书或奖杯。比赛过程中，很多同学会为了在机器人编程比赛中获得成功，以极大的热情解读机器人编程比赛的规则，查阅各种资料，发动自己所有的想象力和创造力来设计一款独一无二的机器人，努力克服每一个困难，而克服困难的过程就是综合运用各个学科知识的过程，队友们比赛的前一秒还在找漏洞、想应急措施。当然，比赛一定有失败，这对于学生也是适当的挫折教育，大家合力完成的机器人，在赛场上怎么也不按照编写的程序完成任务，教师也可以以此为契机帮助孩子正确看待自己的失败，而不是一味地互相推诿责任。比赛的结果无论怎样都要肯定和鼓励孩子，大家一起分享成功的喜悦和失败的失落，同学们一起帮助失败的小组找问题、想办法，当看到在大家的帮助下机器人正常运行的一刹那，同学们欢呼雀跃，甚至流下眼泪，这远比知识更重要，也更加坚定了孩子们科技强国、复兴中国梦的信念。

各具特色的学科活动让学生看到了知识与生活的紧密联系，自然科学需要付出艰苦努力才能成就一番事业，哲学社会科学同样需要我们内心笃定，始终站在人民群众的立场上看问题。无论选哪些科目，我们都要时刻牢记自己是为谁而学习，然后才能想清楚自己要选取哪些学科来学习，最后自然会清楚应该怎样去学习。带着强国梦去学习，怎么会有时间打游戏、刷视频呢？通过活动，同学们结合自己的兴趣爱好，坚定了自己的选择方向，个人职业生涯规划意识大幅提升，一些困扰学生们的共性和个性问题得到了有效解决，班级秩序稳定，每一位同学都有机会做头雁，大家共同努力，再出发、再前行的步履更加铿锵有力。

第四章　用创新的观点看问题

　　唯物辩证法认为，辩证的否定观是与形而上学否定观相对立的一种哲学观点。辩证的否定观认为否定是事物内在矛盾所引起的自我否定；否定是事物发展的环节和新旧事物联系的环节，是包含肯定的否定，辩证的否定的实质就是"扬弃"，即新事物对旧事物既批判又继承、既克服其消极因素又保留其积极因素。坚持辩证的否定观，就要求我们对一切事物采取科学的分析态度和用创新的观点分析并解决问题。

　　在高中的班级管理中，我们要面对的是正处于"拔节"时期、心理渐趋成熟的孩子。无论是社会还是家庭，都对他们具有极高的期望值，他们承担着一定的压力，看似成熟，却又很脆弱。现代社会是一个多元化的信息社会，在多元文化背景下，班主任必须不断改进和创新管理方法，而不是循规蹈矩、墨守成规，否则就不能与学生同频共振。尤其是对班级的特质生的精准施教与培养转化，更是应该用创新的观点分析并解决问题。

第一节　对"特质生"精准施教与
培养转化的理论依据

一、问题的提出

关于特质学生的研究,很多教师都将它等同于对问题学生的研究,更有甚者还把它看成是对差生的研究,并将如何对差生进行转化作为实践研究的主要视角。实际上,特质学生不等同于问题学生,更不等同于差生。特质学生是指具有某种独特性质或品质的学生,他既可能是优秀的问题生,也可能是暂困的问题生,他不完全等同于问题学生,因为他拥有某些独特的性质或品质,稍加利用或调整,因势利导,极有可能成为一个优秀的、全方面发展的人才。

有着某些问题的成绩暂困类特质生的转化一直备受家庭、学校和社会的关注。如果他们得不到科学的引导和教育,最终有可能会导致家庭内部矛盾激化、出现违法犯罪行为等诸多问题。如何对这类学生进行转化的探索,学术界早已有很多鲜活的例子和巧妙的方法。但是对于存在某些特殊性质或品质的成绩优异类特质生和成绩中等类特质生的精准培养则不太受关注。其实,优秀学生的培养是一项重大的德育课题。越是有着某些特殊能力的优等生越容易走极端,他对某些事物的痴迷恰恰是阻碍他全面发展的绊脚石,若不加以指点和修正,他未必能成为对社会的有用之才。

基于此,我们以对特质生进行精准施教和培养转化为视角,将存在某种特质的学生进行分类,通过对学生某种特质存在的原因进行分析、对其培养和转化开展实践研究,总结经验、推广应用。充分发挥学校教育对学生成长的积极作用,帮助家长树立科学的教育观、正确的家庭教育方法,使学校教育、家庭教育与社会教育三位一体,形成合力,培养特质生的优秀品质,使其更加全面发展;转化特质生的独特心理和不良行为习惯,使其尽快正常融入班集体和社会,进而成为一个大写的人。

二、研究的意义

从政治层面上来看,立德树人,是教育事业发展必须落实好的根本任务。立德是为了树人,而树人首先要立德。对特质学生进行案例整理、分析,寻找培养和转化的突破口就是通过修正品德进而将其培养成为能够适应新时代发展的接班人。

从理论层面上讲,目前学术界对于问题生的转化策略研究有很多,但大都处于"一概而论"的阶段,进行分类研究的几乎为零。目前学术界并没有对特质学生进行概念的界定。《现代汉语词典》将特质定义为特殊的性质或品质。我们可以将特质学生理解为有着特殊性质或品质的学生,如人格特质、创新特质、艺术特质,等等。关于教育合力,学术界将其大体分为学校教育、家庭教育、社会教育三个方面,这三个方面相互影响、相互促进。之所以强调合力,是因为目前的三方教育并未真正形成合力,既然是合力,必然要形成"1+1+1>3"的效果。

从现实层面上讲,特质学生的成长与其教育环境有着密切的关系。因此,研究特质学生的特质属性存在的原因、引导方法,进一步去分析如何尽最大努力去促进特质学生的培养与转化,使特质学生与普通学生获得同样的和谐教育成长环境,促进特质生的正面转化和培养,对青少年身心的健康发展具有重要的意义。

三、研究的现状

特质生的培养与转化源于对"问题学生"的研究。"问题学生"一词最早出现在日本。在我国,20 世纪 80 年代,"问题学生"被称为"差生",20 世纪 90 年代初,他们被称为"学困生",90 年代中期开始被称为"问题学生"。

（一）国内研究现状

问题学生的家庭教育问题很早就受到了社会的广泛关注,不少论文对相关案例进行了研究。如:2004 年《中小学心理健康教育》刊载管翠静的《问题学生——责任在谁?》;2005 年 12 月 6 日《北京日报》发表了赵婷的论文《问题学生背后往往是问题家庭》;2005 年 12 月 15 日人大附中网站发表了署名治琼的文章《"问题学生"根源在父母》等。这些论文案例初步揭示了问题学生的形成与其家庭教育缺陷有密切关系,不同的家庭教育类型缺陷不同,学生的心理和行为异常也有差异。

国内对问题学生的家庭教育研究热度一直不减,2007 年,吴伟娥等人的《中学生行为问题与家庭教育相关性分析》通过心理测验证实了家庭亲密度低及适应性低的学生行为问题检出率高,显示出家庭环境、亲密度与适应性与学生行为问题密切相关。2010 年 2 月,钟垂兰在《问题学生的家庭教育现状及教育对策》一文中将问题学生的家庭教育方式归结为重智轻德型、娇宠放任型、家教缺失型、骄横袒护型和无暇顾及型,并有针对性地提出了开设家长学校、建立家校联系卡、建立托管中心等教育对策。2019 年,王纯友老师提出用"赏识教育"转化问题学生。2021 年,基础教育发展研究高峰论坛上,马红伟老师从心理健康教育方面给出了有效的策略。

国内研究表明:与学校教育、社会教育相比,家庭教育具有不可替代的特殊地位和重要作用,家庭教育的核心任务不是使孩子取得优异的学习成绩,而是培养孩子健全的人格。家庭教育有着早期性、基础性、长期性、持久性的特点,是学校教育的基础和前提。一个人的成长、发育和发展过程,是由家庭教育、学校教育、社会教育三方面构成的,教育成效往往是三者合力的结果。如果三者步调统一,互相促进,它们的合力就大,效果就好;反之,教育影响就会被削弱。从一些暴露出来的问题学生的家庭教育个案看,当前家庭教育从大体上讲存在教育观念不正确、教育环境不稳定、教育方式不科学、教育效果低水平四大问题。因此,深入研究问题学生家庭教育个案,寻求用学校教育资源帮扶改善问题学生家庭教育的机制和对策正成为基础教育工作者的重要课题。

我国学者王宝祥老师、王晓春老师等在家庭教育指导与问题儿童诊疗等方面有相关研究。王宝祥在《跟踪指导家庭教育》研究中,引导教师通过研究个案,跟踪指导家庭教育,总结经验,指导家长,让家长有能力教育好孩子,从根源上解决一部分孩子的教育问题。他们实施个案跟踪指导家庭教育的研究,引导教师通过发现问题、提出假设、验证、制定干预、实施干预、验证诊断、调整干预措施、评估实效和总结等过程,使教师掌握一系列家庭教育研究方法,同时学习心理学知识,不断地运用到研究实践中。

(二)国外研究现状

在20世纪六七十年代,心理动力论、行为主义理论和人本主义理论(分别被称为第一、第二、第三大势力)在心理治疗领域处于支配地位。从1980年到1990年,家庭治疗成为最经常用的心理治疗方法。到了20世纪90年代中期,家庭系统论在心理治疗领域已经与"三大势力"分庭抗礼,称为"第四势力(fourth force)"。

在家庭系统治疗这个大的理论框架内,目前有代际家庭治疗等二十种以上的流派。其中最有代表性的家庭治疗具体包括Bower系统家庭、策略性家庭治疗(Strategic family therapy)、结构性家庭治疗、萨提亚家庭治疗模式等。

《家庭治疗——理论与方法》一书中指出:国外部分学者以结构派家庭治疗与策略家庭治疗理论为依据,以家庭为本,研究如何教育和转化问题青少年。他们的主要假设有四点:一是一旦家庭和环境问题得到足够重视,那么行为问题就会减少。解决问题的焦点在于使父母回到权威的位置上去,这会使原来产生行为问题的家庭结构得到改变。咨询师必须帮助家庭和青少年建立明确的规则,并排除一切可能导致错误的障碍。二是青少年问题是可以通过父母加以解决的。与把叛逆青少年的行为解释为超越常规、顽固执拗、需要父母引导相比,将行为问题诊断为化学失衡比较难以解决。三是明确地制订规则和奖惩制度对治疗成功是极为关键的。四是无论在"硬"的还是"软"的方面都必须保持家庭的权利阶层。

本章研究从内容上看,实现了从"问题"学生的转化向"特质"学生的培养与转化,实现了学校教育、家庭教育和社会教育三方合力,以挖掘特质学生的潜能,进而促进其全面发展;从方法上看,本章内容由个案研究到探究性研究,再到经验总结及推广,也就是使用了由具体到抽象再到具体的研究方法;从延伸形式上看,笔者充分利用现代信息技术,开通博客,形成师生、师师、生生、校校以及师生与家庭、与社会的互动,达到理论延伸、践行推广、资源共享。通过以上方法着力完善三方教育合力,进而促进特质学生的全方面发展。

原来班主任们一直在思考,如何将班里存在问题的学生转化成优质生,其实这是片面地关注成绩、关注高考。殊不知,学生的个性发展、全方面发展都将是学生一生中宝贵的财富,即便是在学习方面未体现出优势的学生,他也有着某些独一无二的特质,稍加引导,这样的学生便会展现出很强的发展潜力。同时,我们经常将工作的重心放在对问题学生或学困生的转化上,但实际上,班里的优质学生和中等生也是需要班主任为其终身发展指点迷津的,我们通过研究他的某些特质,帮助他对未来的发展提供规划等指导性建议,他未来发展的前景将会更加美好,所以对于存在某种特质的优质学生和中等生,班主任如何对其进行全方面培养也是一项值得研究的课题。

于是我们提出一个假设,通过学校、家庭和社会三方教育合力,我们可以对存在问题的特质学生进行成功转化,对存在某种优秀特质的"特质生"进行培养并帮助其对未来发展进行合理规划。我们要解决的关键问题就是将不同类别的"特质生"的培养与转化作为案例进行分析,并得出探究性方案,再运用到实践中,实现经验推广。

特质学生的教育一直以来备受家庭、学校和社会的关注。特质学生的转化一直是困扰广大教师的一大难题,在这样的背景下,进行特质学生转化的调查与案例分析显得十分重要。近年来,全国的特质学生增多,青少年违法犯罪率攀升,深入持续地开展特质学生的家庭教育研究,探索特质学生的家庭教育个案与特质学生的心理和行为问题成因并对之进行有效的干预,非常具有现实性。我们可以通过收集特质学生存在的原因并分析总结经验,进而推广应用。

第二节 对成绩优异类"特质生"的精准施教

很多班主任都热衷于研究问题生的转化,笔者在此基础上着重研究对特质生的精准施教。特质生是指具有某种独特性质或品质的学生,他既可能是具有优秀学习品质但存在素养缺失问题的学生,也可能是成绩暂困但在艺术、体育、科技等方面表现突出的学生……特质生不完全等同于问题学生,因为他拥有某些独特的性质或品质,稍加调整、因势利导,便极有可能成为一个优秀的、全方面发展的人才。但如果得不到科学的引导和培养,其潜在的隐性问题将放大至显性问题,成为真正的"问题生"。

在与学生和家长交谈的过程中,笔者发现有一部分学生虽然具有优秀的学习品质,但是却存在很大的隐性问题,如集体意识淡漠,对于班级和学校的各项活动参与热情不高;责任担当意识差,不清楚自己为了什么而学习……这些问题的原因主要是价值观缺失。2016年11月,北京大学心理咨询中心副主任徐凯文做了一个关于"时代空心病"的主题演讲。"空心病"是因价值观缺陷导致部分学生产生的一系列心理障碍,它看起来像是抑郁症,患者情绪低落、兴趣减退、快感缺乏。有这种心理疾病的学生大都有强烈的孤独感和无存在感,他们从小都被看作"别人家的孩子",集各种荣誉于一身,因此特别需要得到别人的称许,一旦缺少了别人或外在的肯定就找不到自己活着的价值和意义。

新课改以前,唯分数论、唯高考论使得学校、教师、家庭、社会经常用成绩的优劣来评价学生是否优秀,无论开展什么活动都离不开提高学习成绩的话题。这给学生带来的正面引导是明确了努力的方向,负面影响则是学生只关注学习和分数,老师和家长并没有告诉学生学习科学文化知识是为了充实自己,将来让祖国更加强大;也没有告诉学生比做学问更重要的,是学会如何做一个大写的人。对成绩优异类特质生进行责任担当素养的培养,我们面临着很大的挑战。

一、成绩优异类"特质生"责任担当素养的培养困境

2016年9月13日上午,中国学生发展核心素养研究成果发布,中国学生发展核心素养以培养"全面发展的人"为核心,分为文化基础、自主发展、社会参与三个方面,综合表现为人文底蕴、科学精神、学会学习、健康生活、责任担当、实践创新六大素养。各素养之间相互联系、互相补充、相互促进,在不同情境中发挥整体作用。由于之前的学校和家庭教育没有处理好几大素养之间的关系,片

面单一地强调学习能力与科学精神的提升,也就忽视了对其他几个素养的培养,尤其是责任担当意识。责任担当意识是几大素养当中最容易被忽视、最难量化、更是最难提升的一环。可以说,培养成绩优异类特质生的责任担当意识面临诸多困境。

(一)机械性培养特征明显:传统说教很难让责任担当意识内化于心

核心素养应该是在各种情境中自然产生的能力和品格。以责任担当为主题的班会课数不胜数,效果不佳的原因就在于没有设计出真实、与学生生活息息相关、能与学生产生共鸣的情境活动。班主任在设计主题班会时,班会目标的设置生搬硬套,为了提升素养而提升素养,造成班会目标的理想化、格式化、形式化。

更重要的是,参加活动时的说教与平时的日常引导存在严重脱节的现象。学生在日常学习和生活中接收到的讯息是:除了学习,其他活动都是浪费时间。久而久之,学生的价值观就会严重缺失:如,在家里无视长辈,在学校没有团体意识;害怕吃苦,但为了逃避挫折却不怕死亡;对一些社会上的正面或负面现象都漠不关心。当我们意识到了问题的严重性再开展活动,语重心长地告诉孩子"心里要有他人、要有国家",这些传统式的说教是没办法做到内化于心的。家长和老师的观念都没有真正转化,学生就像心理实验中第三只笼子里的老鼠,分不清到底怎样才是对的,索性不去思考,也就形成了"躺平、价值观缺失"等心理问题。

(二)表面化培养特征明显:相较于学习能力,责任担当意识很难做到量化

学习能力的培养是一线教学工作者最为擅长的领域,因为它

有知识范围、考试成绩等可供量化评比的标准,对照知识目标和高考的指挥棒,各学科教师可根据学生已有知识水平进行知识广度与深度的拓展,再加以反复练习、错题整理、针对训练、N 次模拟等有效方法帮助学生提升学习的能力。但是责任担当素养的培养却没有量化标尺,这让很多一线教师苦于没有抓手,只能是为了完成德育任务等而做些表面功夫,也无法对学生的素养是否提升进行评价和反思,更无法对没有担当的学生进行针对性训练和反复练习。我们原来的那些擅长的提升手段在这里就变得让人无所适从了。

(三)悬浮型培养特征明显:仰望星空的同时,很难做到脚踏实地

在责任担当意识的培养方面尚且没有更好的引导方式,也没有一个合理的量化标尺,即便深知这种素养的缺失很难使学生成为全面发展的人,班主任依旧力不从心。

班级的墙壁上张贴着 24 字社会主义核心价值观,学生在政治课上也会倒背如流,做题的时候也能运用,可真正遇到问题时却不能把它们应用到实际当中。比如,社会主义核心价值观里提到个人层面要做到爱国,一位政治学科成绩经常得 A 的同学居然感到困惑:"每天并没有发生轰轰烈烈的大事,祖国也不需要我们学生去扛枪打仗,难道爱国就体现在每周一的升国旗和唱国歌? 就体现在所谓的好好学习、天天向上? 可是不管自己爱不爱国,国家还是这样发展,那么爱国对我们个人而言似乎没有什么价值。"像这种价值观缺失导致的爱国无用论就是典型的没有责任担当意识,典型的只会仰望星空、不能脚踏实地。

二、成绩优异类"特质生"责任担当素养的培养路径

中国学生发展核心素养体系明确了学生应具备适应终身发展和社会发展需要的必备品格和关键能力。这就足见核心素养体系培养周期之长、过程之复杂、内容之繁重。而且我们研究的对象是成绩优异类特质生,他们能从师长的活动、说教中迅速捕捉到相应信息,进而判断出我们是在有意识地提升他们的责任担当素养,那么无论我们说什么,学生已经开始从内心建立起一个无形的屏障,再想走进去难上加难。所以,我们应该变"统一灌输"为"精准施教",变"泛泛评价"为"精细的量化","变"高唱赞歌"为"付诸行动"。

(一)精准施教:结合学生的实际情况进行有针对性的帮扶

常规的主题班会课或以教师设计为主、学生只是被动地参与其中的某个环节,或以学生设计为主、教师完全放手。而所谓的精准施教,则是教师将班会的德育目标进行分解,形成若干子议题,再根据学生的优势学科布置相应任务,激发学生参与的热情。学生根据子议题详细设计并组织活动,自己设计的活动当然会积极参加,完成相应子议题的同时,既体会到了快乐,又学会了团队合作,还能找到被需要、被证明自己价值的存在感。

如果成绩优异的学生价值观长期严重缺失,说明除了学校,家庭在引导方面也存在问题。我们需要在学生参与活动后向家长反馈学生的收获,向家长讲明责任担当素养的培养能够给孩子带来哪些变化,这样的变化除了高考还将对学生未来哪些方面的发展有利,进而让家长加入我们的"统一战线"。

机械式培养、传统式说教都不如精准施教更有利于将责任担当的素养内化于心，帮助学生树立正确的价值观。

【案例】孙同学的变化（一）

孙同学是笔者见过的目标性和执行力最强的孩子，她定下的目标一定要实现，而且不受任何外在因素的影响，她的自律使得她的学习成绩一直在年级排名前三。她的"清华梦"一直很坚定，除了学习之外的一切她都不放在眼里，哪怕是学校的活动、班级的制度。记得一次班会课上，同学们都在兴奋地讲述着令自己感动的中国梦，当问到孙同学的中国梦是什么时，她面无表情地说："我没有中国梦，但我有自己的梦，我想考上清华大学，去看看全国最顶尖的理科实验室，然后出国深造，研制空间站的各种材料。"当主持人说到"希望孙同学学成归来，为祖国的航空航天事业做贡献"的时候，她又冷漠地站了起来，说："我不打算回来了，我要去最高端的实验室，中国没有的那种……"同学们很惊讶，班里的学霸和班主任的引导明显相互矛盾，究竟谁胜谁负、谁能说服谁呢？

笔者明显感觉到了孙同学的傲慢，但是如果直接驳斥效果应该不会太明显，因为这是她长期以来的想法，怎么能靠几句话就扭转？但是笔者也不能什么都不说，因为同学们的三观需要一个正向的、坚定的引导。于是，笔者笑着说："几年后世界顶尖的实验室也许就在中国。"同学们鼓掌，她却丝毫不买账："即便中国有，我也不屑于在这里。"顿时，教室里鸦雀无声，好不容易缓和的气氛又降落到冰点。她的这些危险的想法肯定不是凭空冒出来的，一定是她曾经经历过什么。想到这里，笔者说："那我和同学们会想念你的。"孙同学很惊讶笔者没有继续纠正她的想法，而是从情感的角度挽留她。这件事表面看起来结束了，不过孙同学这番言论却在笔者的脑海里扎下了根，之后笔者悄悄向孙同学的家长了解了情况，原来在她很小的时候，她的父亲在单位受到排挤，因心情不好喝了酒，酒后驾车出了车祸去世，她的母亲带着她，日子过得很艰辛，母亲也因为生活的艰难时常将负面情绪传输给她，久而久之，她逐渐开始质疑这个社会，并决定凭借自己的努力出国留学，再也不回来。

听了她家里的故事，笔者似乎能理解为什么她小小年纪却有着那么坚定的目光，但是怎么才能转变她的负面情绪？如何帮助她走出灰暗的世界，引导她正面看待整个事情、客观看待这个社会，不因某一件事就否定整个社会、整个国家？笔者思考过后，开始对她进行精准施教。我们在周记漂流瓶的聊天过程中建立起了必要的信任，她也愿意将心里话说给我听。"如果你真的出国了，老师和同学们会想念你的，你也一定会想我们吧？""会吧，但是这里让我厌倦了。""这里的一切都让你感到厌倦了吗？""是，从爸爸去世那一刻起，这里就让我厌倦了。""如果真的厌倦了，你也不会跟我们聊天，也不会想着考清华大学，这说明这里在你心里也不是完全没有可取之处，只是你不愿意去发现。可是如果没有善于发现美的眼睛，去到哪里都不会快乐呀！""您说得对，我从小到大都不知道开心是什么滋味，同学们羡慕我每次考试都是年级前三名，可这也没有让我多开心,我也不想这样,只能选择离开。""离开解决不了问题,你不开心是因为你没有朋友,没有和同学们一起参加比赛,你可以先试试参加一些活动,马上有个英语配音比赛,英语是你最擅长的科目,你要不要参加一下?""我试试!"就这样,她第一次尝试参加比赛,扮演《白雪公主》里面的皇后,无论演技还是口语的表达都惊艳了全场,她代表全班同学走到领奖台上拿到了一等奖的奖状,下来之后,几位同学和她抱在一起欢呼,她终于露出了这个年纪该有的笑脸。回到班里,笔者大大地表扬了她和所有参加比赛的同学们,表扬他们为班级争得荣誉,是大家的英雄,她又难得地露出了害羞的表情。爱祖国可以先从爱班级开始,当她知道要为班级荣誉而战,而且不是自己一个人孤军奋战,她的内心世界也就不再会感到孤独,那些负面消极的情绪也就逐渐被乐观积极向上的情绪取代了。

慢慢地,她变得愿意给同学们讲题了,愿意参加学校的活动了,愿意竞选班级干部了。最让笔者感到欣慰的是,她愿意让笔者帮助她制定专属于她的"核心素养成长档案",也愿意按照我们约定的事项努力去完成。她超强的执行力决定了她的"成长档案"是全班成长最快的。

(二)过程量化:对照中国学生发展核心素养建立量化测评

如果责任担当素养的培养像高考那样有抓手,它一定能早早地"落地生根",如果能将素养量化成几件待完成的事项,学生就会像完成各学科作业那样完成素养作业。比如每月设计一个开放式作业（表4-1）：在"我是党史讲述人"活动中，学生以手抄报的形式介绍中国共产党人的精神谱系，大家分别从新民主主义革命时期、社会主义革命和建设时期、改革开放时期、新时代四个时段选取一个民族精神，采用自己感兴趣的角度进行展示；在"假如我是政协委员"的活动中，模拟政协提案，从身边寻找社会问题，撰写问题的成因、现状和建议；在"2035年的一天我可能这样度过"的活动中，大家为自己做一个未来职业发展规划，通过自己的努力改变未来的某种生活方式，借以体现自己对社会的价值和贡献……班级会安排评分小组对每次活动的作业完成效果进行测评打分。

表4-1　核心素养阶段性培养评分要求

月份	活动	任务	评分要求
9月	"我是党史讲述人"	以手抄报的形式介绍中国共产党人的精神谱系	真实感动有感悟
10月	"假如我是政协委员"	模拟政协提案	真问题真措施
11月	2035年的一天我可能这样度过	设想2035年某一天的生活	能体现自己未来的人生价值
……	……	……	……

有了过程量化标准，老师和学生都有了提升的抓手，也就解决了表面化培养的弊端。

【案例】孙同学的变化（二）

笔者和孙同学一起制订了"核心素养成长档案"后,她一直积极严格地按照档案里的内容不断完善自己。在班级氛围的感染下,她也参与了"假如我是政协委员"的活动,提出了关于共享单车的提案。

关于共享单车的提案:

背景问题:

近年来,网民用"新四大发明"来形容那些对我们的日常生活生产有巨大影响,或是能够带来极度便利的事物。共享单车就被选入其中,其凭借着灵活便捷、低碳环保的优势获得人们的欢迎。但每件事物都有其两面性,共享单车在给予我们方便的同时也产生了一系列新的社会问题。

问题分析:

一是共享单车部件损坏,人为破坏二维码、座位等问题。单车部件损坏可以分为两种:一种是单车零件因使用时间长久而损坏,若是使用者发现问题没有及时上报,后来的使用者会因为不明情况和管理员没能及时收回共享单车而影响出行。第二种是人为将单车的锁破坏,把单车据为己有,有些使用者以想将单车据为己有的想法,私自破坏单车部件,更有甚者会破坏单车的二维码。有时使用者因猎奇想法,将座椅海绵垫外的皮革刮坏,这会造成使用问题,若在下雨天,雨水将会渗入海绵,后来的使用者无法使用。单车。即使有时使用者发现单车问题并将其上报,若没有工人及时去将车子回收维修的话,也会造成一些困扰——有些使用者想扫码骑车,扫完码后刚使用时,就会发现车辆因某些部件损坏问题而白白花费了车钱。

二是多人承载共享单车的问题。扫码后便可使用,共享单车的方便使其拥有许多用户,尤其是年轻人,其中包括许多未成年的青少年们。由于骑车需要花钱,并且未满十六周岁无法扫码,大家为了省钱,或是为了便捷,出现了多人共同使用一辆共享单车的现象,这不仅给交通带来了很大的问题,也给车本身造成了破坏,多人使用一辆共享单车已经超出了它的承载范围,存在很大的安全隐患。本来只限一人乘坐的车,同时坐了两三个人,导致活动的空间很有限,一旦遇到一些特殊的情况,很难及时防护,比如刹车等,很可能几个人手忙脚乱,导致发生危险。

三是共享单车的摆放问题。其一,随着共享单车的飞速发展,越来越多的共享单车被生产、发放、投入使用,但是共享单车随意摆放、阻碍交通等问题也接踵而至。据本小组调查统计结果显示,72.5%的使用者经历或看到过共享单车摆放不正当的现象。虽然如今共享单车采用定点还车模式,应用电子围栏技术和GPS定位技术督促人们规范停车,但仍会出现定位不精准的问题,导致使用者恶意或无意将共享单车停放在停车框之外,造成阻碍交通通行的现象。这样就有可能会导致行驶的汽车或骑行的单车因不能及时减速而造成安全隐患。此外如果摆放不当也可能会造成共享单车的损坏。其二,不少网友和身边的人反映小区里面没有共享单车停放点,每次骑车都需要走很长的路到停车点骑车,或是在停车点停完车还要走很长的路回家,这确实是一个不可忽视的问题,也给很多住在比较大的社区的居民带来了很多困扰。毕竟共享单车是给人带来便利的现代技术,如果需要走很长的路程才能骑到车,那共享单车的作用是不是就本末倒置了呢? 其三,一些停放点停放的车太多导致供过于求,一些停放点停放的车太少导致供不应求,这种不合理、不均匀的车辆分配情况也是常见的问题。

四是商家对共享单车的管理问题。经过对使用过共享单车及电单车的同学进行调查,发现以下问题:在使用共享电单车时刹车不好用;车座被恶意划破;车辆总是没电;经常遇到共享单车被停到自行车道;有的车把是歪的;只有很少一部分车配备了头盔;停车点的定位不准确;商场等人流量大的地方停车点不够……在使用过程中共享单车难免会受到损坏,若车辆受到损坏,后面的使用者难免会受到影响。相对于普通单车而言,电单车在使用过程中速度较快、刹车失灵、车把歪斜、车座不稳等都对使用者的安全造成隐患。尤其许多电单车没有配备头盔,在出现意外时使用者的头部没有受到保护,很容易受伤。共享电单车的电池一般由工作人员负责更换,对于车辆没有电的问题,其原因可能是工作人员不能及时接收到电单车电量信息、不能及时把电池运往电单车所在地(不能及时把电单车收回更换电池)。在人流量大的地方除了会有电量不足的问题,还会出现停车点不够、停车点聚集过多车辆甚至占用了自行车道导致车辆堵塞。

对策建议：

首先，在面对这些问题的情况下，我们建议可以将每个使用者的身份信息都记录下来，若发现某些使用者使用共享单车后出现二维码破坏或单车部件损坏的话，可以损坏的程度去罚款。建议共享单车管理员经常去检查单车部件的使用情况，多注意使用者上报的单车部件损坏的信息，若不能及时将损坏的单车回收维修，就将损坏的单车贴上某种标识来告诉使用者单车是否能使用。这样既可以解决二维码、座位损坏等问题，也可以对部件损坏的车辆进行适当处理，这样使用者不会因为单车部件的损坏问题而白白花费车钱。

其次，共享单车之所以叫单车，就是指仅单独一人可骑行，所以要加强人们单人骑行的意识，把"限单人骑行"的标志写得醒目一些，并把一些危害写在旁边，让人们意识到多人骑行是危险行为。可以在车上加一些类似电梯里的超重报警，一旦超过一定的重量，电梯就停止运行。最后，也可以在交通规定中加上多人骑行罚款等规则，一旦交警看见，可以拦车罚款，让人们受到法律条款的约束。

再次，共享单车的出现是为了给人们提供方便，但方便不等于随便。对于共享单车停放问题，我们提供以下建议：其一，共享单车运营方需要在系统后台设置共享单车电子围栏停车点，引导用户在规定地点停车，对于乱停乱放的用户应有一定的惩罚措施，相关部门也要及时充分地做好宣传教育工作。同时运营方要在停车点划分停车位，规范用户有序将共享单车摆放整齐。运维人员也要定时检查停放点的共享单车摆放位置,并进行调整。其二,希望能在社区里设置停放点,避免取车、停车路程过长,做到更好地为人们提供便利。其三,运维人员要及时对车辆停放不合理的停车点进行调整。

最后,建议商家做一些整改。对于骑行安全等问题,建议商家给每辆车配置安全头盔及电子锁,当使用者将车停到停车点并锁好头盔后方能完成锁车。对于车辆受损问题,商家可在锁车成功界面前添加报修界面,并让使用者确认车辆无损后再锁车,以此保证工作人员能及时接收到信息及时修理。对于停车点缺少、停车点定位不准确等问题,建议商家针对定位系统增强性能,在车流量多的地方(如集市附近、大型商场周边、客运站周围)增加停车点以保证车辆都能停放在安全区域,避免对车流产生影响。

孙同学和大家一起经过调研走访才选定的这个题目,她认为社会的文明就应该从这些小事做起,如果经济的发展、科技的进步并没有促进文明的提升,那么发展和进步就失去了灵魂,只有物质文明和精神文明共同发展,才能让人民群众真正体会到获得感。笔者非常惊讶她的变化反差如此之大,从前她对什么事情都是漠不关心的,参加活动都认为是浪费时间,如今居然能和同学们一起调查、走访、设计问卷、发放问卷、整理数据、多方听取意见,最后形成模拟提案,对于她来说就是质的飞跃,也是她成长档案中的绚丽一笔。

正是因为有了量化指标,让每一位同学有了抓手,有了进步和努力的方向,才有了他们的自我精进。再以小组单位进行打分,也就培养了团队合作意识和集体解决问题的能力,量化打分让大家核心素养的提升从海市蜃楼变成看得见、摸得到,有变化、有进步。

(三)付诸行动:针对素养作业引导学生践行素养

"价值观永远贴在墙上,奋斗目标永远停留在嘴上。"悬浮型培养导致的学生口中这些笑谈不得不让教育者反思。仰望星空的同时,我们需要让素养真正落地。笔者针对每月的作业完成情况,让学生制定一个践行方案。比如,学生介绍了抗击新冠肺炎疫情,里面提到了各行各业都在为抗击疫情做出自己的贡献。教师可以引导学生制定践行方案:周六上午到所在小区参加志愿者活动,为进出小区的居民检测体温、查看健康码和行程码。学生针对"双减政策"设计问卷调查,发现晚餐问题是大家普遍关注的,撰写模拟提案时也提出了相应的建议。践行方案:鼓励学生将模拟提案通过网络发送至专门信箱,真正做到政治参与。学生对2035年的一天做了大胆设想,期待自己可以坐着无人驾驶的新能源小汽车出行,可以随时拼车,真正做到节能减排。践行方案:帮助学生联系比亚迪汽车公司,进行调查采访,寻找梦想和现实之间的差距,然后查找专业书籍或咨询相关专业人士,提出解决方案。同时,规划自己的职业生涯,寻找自己的差距,坚定自己选课走班的选择。根据学生制定的践行方案,我们再请学生代表进行量化考评,得分计入综合素质评价。

机械式、表面化、悬浮型培养特征将永远使学生停留在"第三只笼子"里,帮助学生从"笼子"里走出来,让学生真正参与真活动、提出真问题、给出真方案,让教育者设计真目标、提出真议题、做出真评价,对学生进行精准施教、过程量化、引导学生付诸实际行动,真正做到了让素养内化于心、外化于行,助力成绩优异的"特质生"成为全面发展、对社会有用的人才。

第三节 对成绩中等类"特质生"的激活提升

班级管理当中,班主任经常会将学生分成成绩优异、中等、暂困三类。成绩优异类学生是老师的宝贝和同学们学习的榜样,成绩暂困类学生是老师关注的重点对象,而成绩中等类学生则经常被遗忘,被称为班级的"透明人"。可事实上,我们都清楚,中等生也是一个独立的个体,也在期待着老师的关注和同学们的认可,这类学生可能在课堂纪律、参加活动等方面都不需要老师操心,但是习惯性的沉默使得他们的生命细胞有待于班主任的激活。由于他们是班级最大的群体,一旦将他们激活,将会从根本上改变班级的整体面貌和风气。班级管理中,最重要的因素恰恰应该是对中等生的激活,因为中等生群体最大,占有最强大的舆论优势,再加上每个个体都有从众心理,中等生群体与优异生和暂困生都很接近,容易沟通,也都能产生影响。同时,中等生的波动相较于优异生和暂困生也更大些,既可能被培养成优异生,也可能被冷落成暂困生,通过激活培养中等生资源可以极大地促进班级大格局的形成。

一、成绩中等类"特质生"的现状分析

成绩中等类"特质生"与成绩优异类、成绩暂困类学生有着共性特征,即都有着独特的气质、品质。同时,成绩中等类"特质生"

更有着与优异类和暂困类学生不同的特点,概括起来主要集中体现在以下几个方面:

（一）活力欠缺

高中生的生理年龄决定了他们应该充满生机和活力。但由于中等生长期成绩平平、表现平平,他们逐渐变得少言寡语、畏首畏尾,上课发言没有自信,课后聊天不善于展开话题,与同学讨论题目人云亦云。即便自己在某方面拥有特质,也经常会自我否定。

【案例】

　　王同学从小学习钢琴,已经达到专业十级的水平,但是学校艺术节比赛她从不报名。班级同学谁都不知道她会弹钢琴。课堂上,她从来不举手,即便被点名回答问题,也是支支吾吾,无法进行总结概括。平时,她经常独来独往,从不参与同学们课后的聊天,每当有同学主动找她说话,她也只是浅浅一笑,微微脸红,然后就没有下文了。班会课讨论时,没有人会想起叫她参与,她也从不自告奋勇。

类似这样的中等类"特质生"在各方面被碾压的现象经常可见,长期的默默无闻、充当"班级背景墙"使得他们不再自信,失去了这个年纪该有的活力,因而也就没有了积极向上的动力。

（二）动力匮乏

中等类"特质生"由于长期表现平平,或被忽视,或被漠视,逐渐变得越来越缺乏向上生长的动力。很多孩子在被问到为什么不能再努力一点、争取有个性地飞跃的时候,经常会说自己已经很努力了,或者将原因归咎于自己智商不高,实在无能为力,等等。因缺乏家长和老师的关注造成自我否定、自我怀疑、自我放弃,久而久之就会变为暂困生。同时,中等生在班级沉默被动,无处发挥其对班级管理的积极作用。

【案例】

王同学内敛的性格加上她长时间被压抑而产生的自卑心理使得她对自己未来的长远规划丝毫没有想法,对班级的进步发展、班规的制定等也从不发言。在一次聊天中,笔者问她对自己的长远发展有什么好的规划,本来聊得很开心的她瞬间低下了头:"我没有做好规划,也不知道自己想做什么。"班级制定班规的时候,班长提倡每个小组提出建设性的意见。她在小组讨论中自动将自己隐藏起来,没有任何想法。

正是由于对未来缺乏规划,才导致她很难找到对当下生活和学习的现状寻求改变的动力,现状不改变,积极的性格和状态就很难形成。

(三)个性缺失

中等生尽管在班级处于中间地位,但不代表没有自己的优势,如体育特长、文艺特长、软件使用特长,等等。只是在缺乏关注的背景下,很多中等生对于自身的发展表现得很消极被动,自觉隐藏了自己的特长和优势,让自己看起来显得很随波逐流。

【案例】

笔者想以王同学的钢琴特长为支点,鼓励她自我改变,好不容易她有一次被说服了,参加了班级的初选,没想到另外一位报钢琴的同学竞选成功,尽管那位同学的钢琴水平只达到九级。赛后笔者问王同学:"为什么在家里练得那么熟练的曲子,在比赛当天却没弹出效果呢?"她很沮丧地说:"因为竞争对手是班里成绩排名前三的'学霸'。我一看到她的气场,自己就先乱了阵脚,无论练习得多么娴熟大脑都变得一片空白。"之后很长一段时间,她特别抗拒弹钢琴,曾经引以为骄傲的特长却成为抹不去的阴影。

以上三个方面使得中等类特质生比没有特质或特质不明显的中等生更加感到压抑和孤独,缺乏存在感使得他们渐渐藏起了自己的兴趣爱好,在班级成为名副其实的"透明人",如果任由其长期发展下去,他们或者会产生心理疾病,或者会放弃改变转而成为暂困生。

二、成绩中等类"特质生"自我发展的激活策略

对于中等生来说,长期被忽视、轻视,使他们渐渐地缺乏进步和积极向上的志气,缺乏能够体现青春活力的生气、彰显个性表现的勇气。我们常听前辈说"抓两头、带中间",其实也可以尝试一下"抓中间、带两头"。笔者尝试对中等类特质生多多关爱,多给这类学生创造机会、搭建成长平台,助力成绩中等类特质生提升成长过程中该有的志气、生气和勇气。

(一)关爱关注:提升成绩中等类"特质生"的志气

每个学生都需要关爱和关注,而当我们把目光分一部分给中等生,不仅关心他们的学习,更要关心他们的心理、情绪、爱好……

他们会在我们的关爱与关注下,有不同程度的提升。但是要注意对症下药,因为一把钥匙开一把锁。

【案例】赵同学的蜕变(一)

　　赵同学的父母在她两岁的时候离异,她与母亲生活在一起,父亲对她不管不顾,进入高中两个月来从没问过她的情况。母亲对她要求极高,曾经同时上过八个兴趣班,但是她对哪个兴趣班都不感兴趣,每次上兴趣班前都要经历一场战斗。渐渐地,她养成了拖拉耗时的坏习惯,借此表达自己对母亲的无声抵抗。母亲对她特别失望,自她上高中以来,也不再督促她的学习和生活。上高中以来,她各科作业虽然能按时完成,但字迹潦草(其实,她的硬笔书法写得很好,曾经参加学校比赛并获得一等奖)。课堂上,她经常搞一些小动作,如照镜子、玩一些与学习无关的东西,但从来不影响他人,因此,包括小学、初中在内的很多任课老师对她的印象并不深刻。不过,由于她的成绩平平,不拖班级后腿,也没有班主任找她谈话,给她鼓励。

　　很明显,赵同学的现状是离异家庭缺少父亲关爱,而母亲又过度关注,再加上班主任和任课老师忽视的结果。从小几乎没有完整的家庭环境、缺乏正常的亲情,赵同学养成了懒惰、贪玩、任性、不服从管理的性格。幼时家庭的争吵在她的心理留下了阴影,她对环境很敏感,做事时不专一,很容易受到外界事物的干扰,自控能力较差。不够圆满的家庭与不合理的教育方式使她产生消极抵抗的情绪。在不良的习惯刚刚形成时未能及时纠正，家庭教育方式没有科学性，导致她对学习失去兴趣，课堂注意力不集中。而各科老师和班主任对她疏于管教也使得她的很多不足没有及时得到提醒和纠正。

针对上述表现，笔者决定做第一个叫醒她的人。进入高中以来第一次月考，她的各科成绩都在 B 档和 C 档。我们进行了第一次个别谈话，笔者对她说："孩子，我观察你很久啦。我发现你总是全班第一个到，而且你很爱干净，你的书桌永远是全班最整齐的，你的垃圾袋每天都能及时清理，而且你每天都香香的，但不是香水味，是淡淡的香皂味。"她很惊讶地望着我："老师，您为什么要观察我？""因为你是我的学生啊，跟我的孩子是一样的。"她很沮丧地说："老师，可是我考试成绩不好，是不是让您很失望？""不是失望，是担心，我担心你的成绩一直在 B 档或者 C 档，时间长了就会像温水煮青蛙一样让你习以为常，慢慢地，你都不记得自己有多优秀了。""可是我不优秀啊。""谁说的？这是你小学六年级的成绩单。"笔者把她妈妈提供的小学成绩单拍了照片给她看，看她的眼神就能知道，她也忘记了自己曾经有这么出色的成绩单。"这是我吗？""这就是你的成绩单。孩子，你其实很优秀，写字又好看，性格品质又好，如果能再努力一些，一定能提升很大的一个层次。""那又怎么样呢？反正也没人在乎我考上哪里，也没人在乎我将来怎么样。""我在乎啊，我是你的班主任，和你妈妈一样都在乎你，你爸爸也在乎你，只是有的人善于表达，有的人把在乎埋藏在心底。况且即便所有人都不在乎，你就不想看看自己通过努力到底能变得多优秀吗？老师看人很准的，我觉得你行,你就一定行。""那您说我能考上哪个大学?""那得看你的努力能坚持多久。""那我试试,可是老师,您能经常提醒我吗? 我怕我坚持不了太久。"于是我们约定每周的周记她都要向我汇报一周的学习进度和状况。渐渐地,那个曾经品学兼优的孩子回来了,变得坚韧而有耐力,她依然是全班来得最早、走得最晚的孩子,只不过之前是百无聊赖,如今是计划满满,且每日都能将计划完成。

两个月后,她在周记里悄悄告诉我,她想考南开大学。笔者送给她一枚自己曾经使用过的南开大学的校徽,告诉她自己非常期待看到她录取通知书中的那粒种子。后来,她真的考上了南开大学,也收到了学校随通知书寄来的种子,还把那粒种子送给了笔者。

(二)创造机会:提升成绩中等类"特质生"的生气

当然,提升与转化的过程当中一定会有反复,如果每次都靠谈话、关爱,时间长了效果肯定打折扣,我们还要不失时机地给这类学生创造一些参加活动的机会,通过参加或组织活动来提升成绩中等类特质生的生气,让生气转化为底气,从而提升自己的志气。

【案例】赵同学的蜕变(二)

创造机会参加活动正是赵同学转变过程中起到助力的关键环节。高一新学期开始,她并没有积极主动参加班干部的竞选。长期被边缘化使她的性格变得格外内敛,笔者觉得应该给她创造机会,让她逐渐变得自信。当时班里的文艺委员因病休学,笔者鼓励她参加文艺委员的竞选。她很诧异地望着我:"老师,我没有什么特长。""谁说的?你的字写得很好,钢琴弹得也不错,你还会跳古典舞。""您怎么知道?那都是我小学时妈妈逼着我学的。""但是你已经比班里大部分同学都厉害了呀!如果你竞选上了文艺委员,学期末的校园文化艺术节就由你来策划组织。"她的眼睛亮了一下:"我能行吗?""当然可以,你很优秀的。"

参加竞选的当天,她特意换上了跳舞的服装,在班里给同学们表演了一段舞蹈,还播放了她事先录制好的钢琴演奏视频,最后她以高票当选为文艺委员。接下来的半学期,她在策划和组织校园文化艺术节的各项活动中逐渐有了生气,性格也更加开朗,说话也更有底气,并且渐渐有了自己的理想。

(三)搭建平台:提升成绩中等类"特质生"的勇气

中等生由于习惯性被忽视、漠视,自己都对自己的能力感到质疑,长此以往,就会缺乏积极向上生长的勇气,我们不仅要关心关注中等生的学习成绩,更要关注他们是否全面发展,如果有相对弱势的方面,班主任要及时给予提醒,并为中等生搭建平台,除了让他们的生活变得丰富多彩,还要在这个过程中锻炼学生参与、甚至组织活动的勇气。

【案例】赵同学的蜕变(三)

赵同学自从做了文艺委员,性格开朗了许多,也有了人生发展规划,但是在团队合作方面还欠缺一些勇气。所以当笔者放手让她来策划并组织学期末的校园文化艺术节时,她还是很忐忑,但也很期待。校园文化艺术节从报名到策划主题、项目分类、初赛复赛决赛,任务繁重,绝对无法靠一个人单独完成。笔者召集班干部开会,成立了校园文化艺术节筹备组,由文艺委员赵同学任组长,其他同学全力配合。班干部对这位平时默默无闻的赵同学很友好,和她一起筹备各项事宜。起初,她连在众人面前说话的勇气都没有,渐渐地,她开始敢于表达自己的想法,每当获得同学们的赞同时,她都会无比激动。同时,她自己也报了书法、舞蹈、钢琴三项比赛。令笔者惊喜的是,她在筹备艺术节和准备比赛的过程中并没有忘乎所以、荒废学业,每天依然按时完成自己的学习计划。

成绩中等类"特质生"是班级的"中间资源",长期的沉默、透明状态造成了他们忘记了自己在某方面的优秀品质,班主任要做的就是将这部分品质激活、放大,让孩子们感受到自己的存在是有价值的,自己也可以是一个发光体。当中等生的生机和活力被激发和调动起来,我们就可以以此为支撑点,从而激发整个班级的潜力。

总之,辩证否定观告诉我们,要树立创新意识。时代在发展,社会在变化。班级也有班级的特点,世界上没有完全一样的班级,那么班级管理的方法也就不可能千篇一律。但是,无论何时,我们都不能墨守成规,要根据班级的特点、时代的特点随时调整班级管理的方法,不断创新班级管理的思路,研究新情况、解决新问题。

结　语

　　如果把一个班级比喻成一座美丽的大花房,那么学生就是一盆盆生机盎然的盆栽,而培育学生的核心素养、促进学生终身发展的则是助力花房百花争艳的养料。每一朵花的盛开都有密码,为了破解密码,无论是不是班主任,无论教哪个学科,教师一定都有自己独到的见解。笔者作为思政教师兼班主任,首先想到和运用的就是马克思主义哲学中的唯物辩证法,笔者从辩证法的联系观、发展观、矛盾观、创新观几个方面分析、解决问题,精心培育、静心等待,助力教育苗圃百花争艳,期待把学生培养成于个人能自律、于家庭负责任、于社会有价值、于国家堪担当的大写的人。

　　"培养什么人、怎样培养人、为谁培养人",对于这三个问题的回答,不同时期有不同的答案。当今时代,我们要培养中国特色社会主义建设者和接班人,就必须把立德树人作为根本任务。新课程改革实施以来虽卓有成效,但仍与落实"立德树人"的根本任务有一定差距,如重智育、轻德育,片面追求刷题、提分,学生的社会责任感、创新精神和实践能力等关键性品格相对薄弱,等等。究其原因,还是对核心素养的培养意识淡薄、方法老套。比如,教师备课过程中一定会先弄清楚这节课的教学目标是什么,为了实现这个目标,应采取什么方式、创设什么情境、提出哪些问题……而班主任在班级成立之初却很少会思考高中各阶段要培养学生哪些必备品格和关键能力,为了培养这些品格和能力应设计哪些活动、形成哪些班级文化氛围、如何为高二、高三做铺垫……笔者运用唯物辩证法的哲学观点,用联系、发展、矛盾、创新的观点分析、解决班级管理的诸多问题,阶段性培养学生的核心素养,以促进学生的终身发展,落实立德树人的根本任务。

如今回头想想,笔者特别想对最初带的那几个班级说声对不起。由于年轻气盛、功利心强,总是期待能产生立竿见影的效果,这使得师生之间剑拔弩张、彼此痛苦。笔者曾以为是他们不懂事,可随着时间的推移才渐渐明白,是当时的自己太过心急,又没有恰当的方法。教育本应该是一个慢的艺术,是一个静待花开的过程,无论什么方法策略都不可能一蹴而就。笔者相信,正确运用唯物辩证法的联系观、发展观、矛盾观、创新观,无论是班级文化班级目标的制订,还是班级自我管理秩序的建立,抑或是对学生未来发展方向的指引,当我们迷茫、徘徊、不知所措时,我们都可以对标《中国学生发展核心素养》,朝着这些必备品格和关键能力去培养,以爱做滋养,以收获满园芬芳为动力,我们就一定能破解每一个盆栽的成长密码,让教育的园圃百花争艳,绚烂芬芳。生逢盛世,何其有幸,我们重任在肩。

参考文献

1. 纪德奎：《学生核心素养培育中课堂教学目标转换的困境与突破》，《中国教育学刊》2020年第2期。

2. 朱志平：《基于核心素养的思想政治活动型学科课程》，《思想政治课教学》2016年第5期。

3. 顾润生：《寻找"活动"与"学科"之间的平衡》，《中学政治教学参考》2017年第5期。

4. 吴　瑕：《活动型高中政治课堂的构建》，《课程教育研究》2017年第25期。

5. 李　孟：《浅谈"问题学生"的成因及教育》，《山西青年》2019年第6期。

6. 洪丹丹：《基于学生特质的普通高中创客教育培育路径》，《教育科学论坛》2018年第1期。

7. 黄祖洪：《转化问题学生有效途径的策略研究》，《班级兵法》总第91期。

8. 王若水：《论条件》，《哲学研究》1962年5月1日。

9. 柳　石：《外因在事物发展过程中的作用》，《内蒙古社会科学》1984 年第 2 期。

10. 张　蕾:《新时代中小学班主任家访的"难为"与"可为"——基于家校合育视角的分析》,《教育科学研究》2022 年第 7 期。

11. 刘佳蓉:《"班干部轮岗制"在班级管理模式中的探索》,《启迪与智慧》2014 年第 7 期。

12. 李　娜:《从"云班级"到线上线下融合的班级变革——基于组织变革的视角》,《教育理论与实践》2021 年第 17 期。

13. 徐春云:《浅谈学生自律能力的培养》,《学苑教育》2022 年第 16 期。

14. 蔡凤山:《浅谈新形势下对中学班干部自主化管理的实践与思考》,《中学课程辅导》2020 年第 8 期。

15. 辜芍文、辜亿珈:《班级管理中的唯物辩证法原则》,《中学政治教学参考》2019 年第 3 期。

16. 秦　润:《班级管理的重要支点:激活中间生资源》,《教育理论与实践》2021 年第 2 期。

17. 郭建霞:《"第十名现象"引发班级管理思路的变革》,《学周刊》2013 年第 33 期。